Leitfaden
des
bayerischen Polizeirechtes

Von

E. Dollacker
Regierungsrat I. Kl.

2. verbesserte Auflage

1927
München, Berlin und Leipzig
J. Schweitzer Verlag (Arthur Sellier).

Druck von Dr. F. P. Datterer & Cie., Freising-München

Vorwort zur 1. Auflage.

Den schweren Kampf für den Bestand und die Autorität des Staates hat in erster Linie der Polizeibeamte zu führen. Er kann diesen Kampf nur bestehen, wenn er hiefür gerüstet ist durch die Kenntnis aller einschlägigen Vorschriften. Die vorhandenen Darstellungen des Polizeirechtes entsprechen nun zum großen Teil nicht mehr dem Stand der Gesetzgebung, zum Teil sind sie zu umfangreich, um eine rasche Orientierung zu ermöglichen.

Der Leitfaden des bayerischen Polizeirechtes will dem Rechnung tragen. Er behandelt nur die eigentliche Polizei und bezieht sich nur auf die Verhältnisse des rechtsrheinischen Bayern.

Regensburg, August 1924.

Der Verfasser.

Vorwort zur 2. Auflage.

Seit dem ersten Erscheinen des Buches sind auf dem Gebiete der engeren Sicherheitspolizei, der Fremdenpolizei und insbesondere der Verkehrspolizei einschneidende Änderungen erfolgt; auch manche sonstige Vorschriften haben eine Neugestaltung erfahren. Neben der Anpassung an die veränderte Rechtslage wurde in der vorliegenden 2. Auflage den Ergebnissen der Rechtsprechung besonderes Augenmerk zugewendet, soweit es mit der Bestimmung des Buches — kurze Einführung in das geltende Recht — vereinbar erschien. Einige Abschnitte wurden zur Erhöhung der Übersichtlichkeit auch neu gefaßt.

So möge das Buch auch in der neuen Auflage sich der Gunst seiner bisherigen Freunde erfreuen und neue gewinnen.

Regensburg, im Februar 1927.

Der Verfasser.

Inhaltsübersicht.

Abkürzungen.

a. a. O. = am angeführten Orte.
Abs. = Absatz.
Abschn. = Abschnitt.
AG. = Ausführungsgesetz.
Art. = Artikel.
B. = Bekanntmachung.
BayGemVZ. = Bayerische Gemeinde- und Verwaltungszeitung.
BayObstLG. = Bayerisches Oberstes Landesgericht.
BayVerwBl. = Bayerische Verwaltungsblätter.
Bek. = Bekanntmachung.
E. = Entschließung.
G. = Gesetz.
GemO. = Gemeindeordnung für die Landesteile rechts des Rheines.
GVBl. = Gesetz- und Verordnungsblatt.
JMBl. = Justizministerialblatt.
MABl. = Amtsblatt des Staatsministeriums des Innern.
MB. = Bekanntmachung des Staatsministeriums des Innern.
ME. = Entschließung des Staatsministeriums des Innern.
PolStGB. = Polizeistrafgesetzbuch.
Reger = Entscheidungen der Gerichte und Verwaltungsbehörden, herausgegeben von Reger, ab Band 38 fortgesetzt von Oeschey.
RBl. = Regierungsblatt.
RGBl. = Reichsgesetzblatt.
RGO. = Reichsgewerbeordnung.
RV. = Reichsverfassung.
S. = Seite.
StAnz. = Bayerischer Staatsanzeiger.
StGB. = Strafgesetzbuch für das Deutsche Reich.
StPO. = Strafprozeßordnung für das Deutsche Reich.
V. (VO.) = Verordnung.
VerfUrk. = Verfassungsurkunde Bayerns.
VGH. = Sammlung von Entscheidungen des bayerischen Verwaltungsgerichtshofs.
Vollz. = Vollzug.
Vorschr. = Vorschriften.
Weber = Neue Gesetz und Verordnungensammlung von Weber.
z. B. = zum Beispiel.
ZRpfl. = Zeitschrift für Rechtspflege in Bayern.
z. Z. = zur Zeit.

I. Begriff und Aufgabe der Polizei im Allgemeinen.

Begriff und Aufgabe. Die allgemeine Landespolizei kann in zwei große Gebiete geschieden werden: Die eigentliche Polizei, die sich die Pflege der öffentlichen Sicherheit und Sittlichkeit angelegen sein läßt und die Wirtschafts- und Wohlfahrtspolizei. Die letztere umfaßt die Gesundheits-, Reinlichkeits-, Veterinär-, Bau-, Feuer-, Wasser-, Feld-, Forst-, Jagd-, Fischerei-, Lebensmittel- und Gewerbepolizei.

Die Aufgabe der (eigentlichen) Polizei, von der im Folgenden nur die Rede sein soll, läßt sich nicht in einer Aufzählung von Befugnissen definieren; die Polizei hat vielmehr das Recht und die Pflicht, überall da einzugreifen, wo dem Staate oder seinen Einrichtungen, dem Publikum in seiner Gesamtheit oder dem Einzelnen eine Gefahr droht. Dazu kommt die Unterstützung der Strafrechtspflege.

Anders ausgedrückt, es lassen sich zwei Wirkungskreise unterscheiden:

Die Verwaltungs- (Administrativ- oder Präventiv)polizei, deren Dienstaufgabe die Verhinderung von Handlungen ist, die der Rechtsordnung erst drohen und

die gerichtliche oder Kriminalpolizei, die sich mit der verübten Strafrechtsverletzung zu dem Zwecke befaßt, um sie aufzuklären und den Täter der gerichtlichen Bestrafung zuzuführen. Die Administrativpolizei gehört in das Verwaltungsrecht, die Kriminalpolizei als Strafverfolgung begangener Übeltaten in den Bereich des Strafprozesses.

1. Administrativpolizei.

Präventivpolizei. a) Zur Administrativpolizei gehört in erster Linie die Verhütung und Unterdrückung strafbarer Handlungen. Die gesetzliche Grundlage für die Tätigkeit der Polizei bildet dabei zunächst der Art. 102 des BayerAG. vom 18. Aug. 1879 zur Strafprozeßordnung (GVBl. S. 781), der besagt:

Die Behörden und Beamten des Polizei- und Sicherheitsdienstes sind verpflichtet, durch Aufsicht und Anstalten den

Übertretungen der Strafgesetze möglichst zuvorzukommen und dieselben in ihrem Laufe zu unterdrücken. Die bezeichneten Beamten sind berechtigt, bei allen strafbaren Handlungen denjenigen, welcher auf frischer Tat betreten wird, vorläufig festzunehmen, wenn die Festnahme notwendig ist, um die Fortsetzung einer strafbaren Handlung zu verhindern. Die Festnahme zu dem Zwecke, um die Fortsetzung einer strafbaren Handlung zu verhindern, darf in keinem Falle über 24 Stunden fortgesetzt werden.

Bezüglich der Bürgermeister bestimmt die rechtsrheinische Gemeindeordnung in Art. 138 Abs. III ferner ausdrücklich:

Der Bürgermeister hat für die Erhaltung der öffentlichen Sicherheit, Ordnung, Ruhe und Sittlichkeit zu sorgen und den Fremdenverkehr zu überwachen; er hat das Recht der vorläufigen polizeilichen Einschreitung zur Verhütung strafbarer Handlungen.

Steht die Polizei bereits einer strafbaren Tat oder Unterlassung, mindestens aber einem strafbaren Versuch gegenüber, so ist sie des weiteren gemäß Art. 20 PolStGB. „vorbehaltlich der späteren Strafverfolgung, soweit nötig, zur vorläufigen Einschreitung befugt“. Die Einschreitung kann in der Hemmung der Fortsetzung oder Vollendung einer strafbaren Handlung, in der Abwendung von Nachteilen, die sie zur Folge haben kann oder in der Sicherstellung des Tatbestandes bestehen. Nach Abs. II und III a. a. O. hat die Polizeibehörde ferner das Recht, in Fällen, in welchen die Einziehung einzelner Sachen gesetzlich zulässig ist, letztere mit vorläufigem Beschlag zu belegen (vgl. hierüber Abschn. IV B 2a), sowie in gesetzlich bestimmten Fällen die vorläufige Schließung einer Anstalt zu verfügen.

Vgl. auch §§ 55, 56 der Gend.-Dienstvorschrift vom 18. Juli 1922 (MABl. S. 223 ff.).

Das Reichskriminalgesetz vom 21. Juli 1922 (RGBl. S. 593), wonach die Landeskriminalpolizeibehörden nicht nur die Aufgabe haben, die Staatsanwaltschaften und Gerichte bei der Aufdeckung und Aufklärung von Straftaten zu unterstützen, sondern auch solche Straftaten, die die öffentliche Sicherheit besonders beeinträchtigen, zu verhüten, ist vorläufig nicht in Vollzug gesetzt.

Durchführung gerichtlicher Erkenntnisse. b) Einen weiteren Teil der Administrativpolizei bilden die polizeilichen Maßregeln auf Grund gerichtlicher Urteile. Sie können ergriffen werden in Ausübung einer Rechtspflicht (Die Polizeibehörde ist zur Ausführung der gerichtlichen Anordnungen verpflichtet, ohne daß ihr das Recht einer sachlichen Nachprüfung zusteht: Unterbringung eines jugendlichen Angeschuldigten in einer Erziehungs- oder Besserungsanstalt nach § 56 Abs. II StGB.) oder einer Rechtsbefugnis (die Polizei hat selbst zu ermessen, ob sie die gerichtliche Anordnung vollziehen will oder nicht: Schließung einer Anstalt nach Art. 17 Abs. II PolStGB., anderweitige Unterbringung verwahrloster hilfloser Personen nach Art. 81 Abs. II a. a. O., Verhängung der Polizeiaufsicht und Überweisung an die Landespolizeibehörde nach §§ 38, 39 StGB.).

Ober-, bezirks- und ortspolizeiliche Vorschriften. c) In zahlreichen Fällen machen umgekehrt die Gesetze die Strafbarkeit eines gewissen Verhaltens von dem Bestand einer besonderen polizeilichen Regelung der in Frage stehenden Angelegenheit abhängig. Der Polizei kann dabei das Recht zum Erlaß allgemein verbindlicher Vorschriften durch Verordnungen, ober-, bezirks- oder ortspolizeiliche Vorschriften oder von Anordnungen, Geboten oder Verboten an einzelne Personen oder in einzelnen Fällen gegeben sein. Bezüglich der ersteren enthalten die Art. 1 bis 15 des PolStGB. die gesetzliche Grundlage. (Art. 3 Abs. I und Art. 4 Abs. II geändert durch Gesetz vom 24. August 1923 GVBl. S. 281).

Über die Zuständigkeit zur Erlassung ortspolizeilicher Vorschriften vgl. Art. 92 Abs. I, 140 Abs. I GemO.

Über die Form der Verkündung orts- und bezirkspolizeilicher Vorschriften vgl. MB. vom 26. Juli 1922 (GVBl. S. 372), über die Veröffentlichung oberpolizeil. Vorschriften vgl. MB. v. 31. August 1926 (GVBl. S. 482).

Einzelanordnungen. Die Zuständigkeit zur Erlassung von Anordnungen, Geboten oder Verboten an einzelne Personen oder in bestimmten Fällen, welche in einem Reichs- oder Landesgesetz für zulässig erklärt sind, richtet sich, soweit das Gesetz nicht hierüber maßgibt, nach den allgemeinen Zuständigkeitsverordnungen, insbesondere der VO. vom 4. Januar 1872 (RegBl. S. 25): Art. 1 Abs. III PolStGB.

Hierher zählen ferner die Erteilung eines Arbeitsauftrages (§ 361 Ziff. 8 StGB.) oder Zwangspasses (Art. 45 PolStGB.) und die Erteilung der Bewilligung zum Waffenführen (§ 2 VO. vom 19. Nov. 1887). Über die Verhängung der Polizei- und Schutzhaft siehe unter Abschnitt IV A 1 f. aa.

Fürsorgepolizei. d) Die Administrativpolizei umfaßt ferner (als Fürsorgepolizei) die Festnahme Betrunkener nach Art. 55 des PolStGB., ferner die Inhaftnahme (Schutzhaft) entlaufener, mißhandelter oder vernachlässigter Kinder, Obdachloser, Geisteskranker, von Selbstmordkandidaten und ähnlichen Personen. Die Berechtigung der Polizei hiezu läßt sich nicht unmittelbar aus einer gesetzlichen Bestimmung, sondern nur aus ihrem allgemeinen Aufgabenkreis herleiten. Die Jugendlichen sind in der Regel der Jugendfürsorge zuzuführen; u. U. ist auch mit dem Vormundschaftsgericht in Verbindung zu treten.

Nothilfe. e) Hilfeleistungen der Polizei können in Frage kommen bei Unglücksfällen oder gemeiner Gefahr oder Not (Überschwemmungen, Brände); vgl. hiezu §§ 50, 51 der Gend.-Dienstvorschrift und Art. 27, 87 Abs. I Ziff. 3 PolStGB. § 360 Ziff. 10 StGB. gibt der Polizei die Befugnis, zur Nothilfe aufzufordern. Wird der Aufforderung nicht Folge geleistet, z. B. bei Bränden die Aufnahme obdachloser Personen oder ihrer Habe verweigert, so kann gemäß Art. 20 PolStGB. vorgegangen werden.

Ein polizeiliches Notstandsrecht, kraft dessen die Polizeibehörde in die Rechtssphäre polizeilich unbeteiligter Dritter einzugreifen berechtigt ist, ist dann anzuerkennen, wenn eine unmittelbar drohende Gefahr vorliegt, die sich auf keine andere Weise beseitigen läßt.

2. Kriminalpolizei.

Kriminalpolizei. Die Aufgabe der Kriminalpolizei ist in §§ 161 und 163 der StPO. umschrieben, wonach die Behörden und Beamten des Polizei- und Sicherheitsdienstes strafbare Handlungen zu erforschen und alle keinen Aufschub gestattenden Anordnungen zu treffen haben, um die Verdunkelung der Sache zu verhüten. Sie haben sodann ihre Verhandlungen ohne Verzug der Staatsanwaltschaft zu übersenden und sind verpflichtet, den Ersuchen oder Aufträgen der Staatsanwaltschaft zu genügen.

Ähnlich bestimmt Art. 138 Abs. IV der GemO. bezüglich der Bürgermeister:

Der Bürgermeister hat bei Verletzung der Strafgesetze die zur Ermöglichung und Sicherung der gerichtlichen Einschreitung zulässigen vorläufigen Maßregeln, soweit nötig, vorzukehren und die gerichtliche Führung der Untersuchungen, insbesondere bezüglich der Aufnahme und Sammlung der Beweismittel entsprechend zu unterstützen, sowie in allen Fällen, in welchen die Festnahme einer Person zulässig und veranlaßt erscheint, diese Festnahme zu bewirken.

Bezüglich der gemeindlichen Polizeibeamten bestimmt Art. 141 Abs. IV GemO., daß ihnen die Befugnis zusteht, aus Anlaß der Verübung strafbarer Handlungen in den gesetzlich zulässigen Fällen und unter Beobachtung der gesetzlichen Vorschriften Personen festzunehmen.

Ferner sagt Art. 20 Abs. I des PolStGB.:

In allen Fällen, welche mit Strafe gesetzlich bedroht sind, ist die zuständige Polizeibehörde, vorbehaltlich der späteren Strafverfolgung, soweit nötig, zur vorläufigen Einschreitung befugt.

Für die Gendarmerie enthält § 58 der Gend.-Dienstvorschrift die entsprechenden Bestimmungen.

II. Die Polizeibehörden und ihre Organe.

Unterste vollziehende Polizeibehörde ist die Ortspolizeibehörde; sie steht unter der Aufsicht und Leitung der Bezirkspolizeibehörde, des Bezirksamtes, soweit es sich nicht um eine unmittelbare Stadt handelt. Die Bezirksämter und unmittelbaren Städte unterstehen der Kreisregierung. Die oberste Leitung aller Polizeiangelegenheiten steht dem Staatsministerium des Innern zu.

Ortspolizeibehörden. Den Ortspolizeibehörden „steht die Handhabung und der Vollzug der die Polizeiverwaltung betreffenden Gesetze, gesetzlich erlassenen Verordnungen, polizeilichen Vorschriften und kompetenzmäßigen Anordnungen der vorgesetzten Behörden innerhalb des Gemeindebezirks zu, soweit nicht durch Gesetz oder gesetzmäßige Verordnung die Zuständigkeit einer höheren Behörde begründet ist" (Art. 92 Abs. II, 138 Abs. I GemO.). Ortspolizeilich ist hiernach alles, was der Polizei primitiv anfällt, wenn nicht eine besondere Bestimmung es einer anderen höheren Polizeibehörde zuweist (VGH. Bd. 2 S. 528). Zu berücksichtigen ist dabei aber, daß alle Polizeigewalt vom Staate ausgeht, daß also die Polizeigewalt ein Teil der Staatsgewalt, keine Selbstverwaltungsangelegenheit der Gemeinden ist. Nach der GemO. ist die Verwaltung der Ortspolizei den Gemeinden zur Besorgung im sog. „übertragenen Wirkungskreis" übertragen. Die Tätigkeit der Gemeinden unterliegt hier (im Gegensatz zum „eigenen Wirkungskreis", der Selbstverwaltung) der ununterbrochenen Aufsicht und Leitung durch die vorgesetzten Behörden (Bezirksamt, Kreisregierung, Ministerium). Die vorgesetzten Behörden können die Ortspolizeibehörden jederzeit mit Weisungen versehen, ihre Anordnungen im Aufsichtswege außer Kraft setzen und gegebenenfalls bei Gefahr im Verzuge selbst die zur Ausführung ihrer Anordnungen erforderlichen Maßnahmen treffen (Art. 156 Abs. II GemO.). Ein staatsaufsichtliches Einschreiten nach Art. 13 des Selbstverwaltungsgesetzes und Art. 10 Ziff. 2 des Verwaltungsgerichtsgesetzes kommt dabei nicht in Frage. Vgl. Reger, Bd. 43 S. 370.

In den unmittelbaren Städten steht nach Art. 94 GemO. die dem Stadtrat obliegende Polizeiverwaltung unter Leitung des I. Bürgermeisters. Derselbe erledigt Geschäfte, welche sich zur kollegialen Beratung nicht eignen, persönlich oder läßt sie unter seiner Leitung durch andere Stadtratsmitglieder oder durch höhere Gemeindebedienstete erledigen. In mittelbaren Gemeinden ist die Handhabung der Ortspolizei dem Bürgermeister allein übertragen (Art. 138 Abs. I GemO.).

Bezirkspolizeibehörden. Als **Bezirkspolizeibehörden** sind regelmäßig die Bezirksämter tätig. Es obliegt ihnen:

a) die Beaufsichtigung und Leitung der zum Bezirk gehörenden Ortspolizeibehörden (Art. 156 Abs. I GemO.),

b) die Erledigung der den Bezirkspolizeibehörden als solchen unmittelbar zugewiesenen polizeilichen Aufgaben mit Hilfe der dem Bezirksamt unterstellten Gendarmerie, nötigen Falles der Landespolizei und der Wehrmacht (vgl. hierüber unten Abschn. V Ziff. 2 c),

c) die Handhabung der Ortspolizei in den Gebieten, die keiner Gemeinde zugeteilt sind („ausmärkische Gebiete"): Art. 3 Abs. II GemO.

Die unmittelbaren Städte vereinigen in sich orts- und bezirkspolizeiliche Befugnisse (Art. 93 GemO.).

Stadtkommissäre. Nach Art. 98 GemO. in der Fassung des Gesetzes vom 24. August 1923 (GVBl. S. 281) ist die Staatsregierung jedoch befugt, die Handhabung der Sicherheitspolizei in den kreisunmittelbaren Städten ganz oder teilweise staatlichen Behörden zu übertragen. Nach Art. 98 a kann das Staatsministerium des Innern aus Rücksichten auf die öffentliche Sicherheit außerdem anordnen, daß die Polizeigewalt in unmittelbaren und mittelbaren Gemeinden vorübergehend ganz oder teilweise durch staatliche Beamte ausgeübt wird. Die gemeindlichen Polizeibeamten sind verpflichtet, den Anordnungen dieser staatlichen Beamten Folge zu leisten. Bei Gefahr im Verzug kann die Aufsichtsbehörde der Gemeinde die gleichen Anordnungen treffen. Die Staatsregierung hat von diesen Rechten in allen unmittelbaren Städten durch die Aufstellung von „Stadtkommissären" Gebrauch gemacht, soweit — wie in München und Nürnberg — nicht besondere Polizeidirektionen bestehen. Sie haben insbes. die Befugnis, in Fällen bedrohter oder gestörter öffentlicher Ruhe die sicherheitspolizeilichen Zuständigkeiten wahrzunehmen.

Kreisregierungen. Die Kreisregierungen sind als oberste Verwaltungsstellen in ihrem Bereiche die vollziehenden Organe des Staatsministeriums. Zu den polizeilichen Aufgaben des Präsidenten und der Kammer des Innern gehört die Erlassung „der allgemeinen Anordnungen zur Erhaltung der öffentlichen Ruhe und Sicherheit" (§ 57 der Formationsverordnung v. 17. Dez. 1825, RegBl. S. 1049) und die Oberaufsicht auf die polizeiliche Tätigkeit der Orts- und Bezirkspolizeibehörden.

Die Regierungspräsidenten sind bei der Verhängung des Ausnahmezustandes schon wiederholt, zuletzt durch VO. v. 18. Febr. 1924 (StAnz. Nr. 42) als „besondere Beauftragte" der Staatsregierung (Staatskommissäre) zur Aufrechterhaltung der öffentlichen Sicherheit und Ordnung bestellt worden. Den Staatskommissaren wurde dabei insbesondere jeweils in Abweichung von dem verfassungsmäßigen Grundsatz der Unverletzbarkeit der persönlichen Freiheit (Art. 114 der Reichsverfassung) die Befugnis zur Verhängung von Schutzhaft und Aufenthaltsbeschränkungen eingeräumt.

Ministerium des Innern. Die oberste Aufsicht und Leitung der Polizei im gesamten Staatsgebiete ist im Staatsministerium des Innern zentralisiert. Sein Wirkungskreis ist in der auch jetzt noch geltenden Verordnung v. 9. Dez. 1825, die Formation der Ministerien betreffend (RBl. S. 977) umschrieben; maßgebend ist § 74, wonach dem Staatsministerium des Innern zusteht die oberste Aufsicht und Leitung „der gesamten Staats- und Landespolizei, dann aller dahin gehörigen Anstalten, welche die Erhaltung der öffentlichen Ruhe und guten Ordnung im Innern zum Zwecke haben . . .“

Grenzpolizei. An polizeilichen Sonderorganisationen kommt in Betracht die Grenzpolizei, die mit Rücksicht auf die Einführung des Paßzwanges eingerichtet wurde. Sie besteht aus Grenzpolizeistellen in Passau, Salzburg, Kufstein, Lindau usw. Sie hat lediglich die Paßkontrolle vorzunehmen. Über die Mitwirkung der Zollbeamten im Grenzpolizeidienst vgl. MBek. v. 26. Sept. 1924 (MABl. S. 129).

Polizeidirektion München. Eine Landeskriminalpolizei besteht derzeit noch nicht, doch übt die Polizeidirektion München in verschiedener Hinsicht zentrale Befugnisse aus. In Betracht kommt hier ihre Tätigkeit

1. als Nachrichtenstelle für Vermißte und unbekannte Tote;
2. für die Behandlung der Verbrechen wider das Leben (Mord, Totschlag, Kindsaussetzung, Abtreibung der Leibesfrucht);
3. für die Behandlung der Fahrrad-, Kraftwagen- und Schreibmaschinendiebstähle, Taschendiebstähle, Hoteldiebstähle, Eisenbahndiebstähle (D-Zug-Diebe), Bankdiebstähle, Kirchendiebstähle;
4. als Erkennungsdienst mit seinen kriminaltechnischen Einrichtungen;
5. als Zigeunerzentrale (Zigeunerpolizeistelle);
6. als Nachrichtenstelle zur Bekämpfung des Süßstoffschmuggels;
7. für die Bekämpfung von Münzfälschungen;
8. für die Behandlung der Bankbetrüger (Fälschung von Schecks und Wechseln);
9. für die Behandlung von Glücksspielen;
10. für die Behandlung von Brandfällen;
11. für die Behandlung der Verbrechen und Vergehen gegen das Sprengstoffgesetz;

12. für die Behandlung des Mädchenhandels;
13. für die Behandlung der Gaukelei;
14. für die Behandlung politischer Verbrechen;
15. für die Wahrnehmung der Grenzpolizei;
16. für die Bekämpfung unzüchtiger Bilder und Schriften und unzüchtiger Handlungen aus Anlaß von Schauspielunternehmungen, Singspielen, Schaustellungen.

Polizeiorgane. Hinsichtlich der Organe des Polizeidienstes finden sich die einschlägigen Vorschriften

a) bezüglich der Gemeindepolizei in Art. 38 Abs. I, 129 Abs. IV, 141, 156 Abs. IV der Gemeindeordnung;
b) bezüglich der Gendarmerie in der Dienstvorschrift vom 18. Juli 1922 (MABl. S. 223);
c) bezüglich der Landespolizei für die vor dem 13. Juli 1926 angestellten Beamten im Reichsgesetz über die Schutzpolizei der Länder vom 17. Juli 1922 (RGBl. I S. 597) und im bayerischen Landespolizeibeamtengesetz vom 26. August 1922 (GVBl. S. 427).

Wegen Anordnung von Sicherheits- und Nachtwachen: Art. 29 PolStGB. und Art. 156 Abs. IV, 157 Abs. V bis VII GemO.

III. Rechtstellung des Polizeibeamten.

1. Allgemeines und Verhältnis zu den Justizbehörden.

Allgemeines. Für die Polizeibeamten gelten ebenso wie für alle übrigen Beamten die Art. 128 bis 131 der Reichsverfassung und die §§ 67 und 68 der bayer. Verfassungsurkunde. Auch die Vorschriften des bayer. Staats- und Gemeindebeamtengesetzes finden auf die Polizeibeamten Anwendung.

Die Beamten der Gendarmerie sind durch § 2 Abs. II der Bek. vom 25. Sept. 1919, Einrichtung der Gendarmerie betreffend (GVBl. S. 639) zu Beamten im Sinne des Beamtengesetzes erklärt worden.

Die Angehörigen der Landespolizei sind keine Beamten im Sinne des Beamtengesetzes, doch wurden durch das Landespolizeibeamtengesetz vom 26. August 1922 (GVBl. S. 427) zahlreiche Vorschriften des Beamtengesetzes auf sie ausgedehnt.

Hilfsbeamte der Staatsanwaltschaft. Über das Verhältnis der Polizei zu den Justizbehörden bestimmt § 152 des Gerichtsverfassungsgesetzes:

Die Beamten des Polizei- und Sicherheitsdienstes sind Hilfsbeamte der Staatsanwaltschaft und sind in dieser Eigenschaft verpflichtet, den Anordnungen der Staatsanwälte ihres Bezirkes und der diesen vorgesetzten Beamten Folge zu leisten. Die nähere Bezeichnung der Beamtenklassen, auf welche diese Bestimmung Anwendung findet, erfolgt durch die Landesregierungen.

In Bayern sind u. a. als Hilfsbeamte der Staatsanwaltschaft erklärt: Die Bürgermeister und ihre Stellvertreter, die Vorstände der Bezirksämter und ihre Stellvertreter, die Gendarmeriebeamten und Schutzleute, die Forst- und Feldschutzbediensteten, die Bevollmächtigten zur Überwachung der Ein- und Ausfuhr, die Zollgrenzkommissare und die Beamten des Steueraußendienstes. Vgl. Art. 56 AG. zum GVG. vom 23. Febr. 1879 (GVBl. S. 273), VO. vom 31. Aug. 1879 (GVBl. S. 1057), Gend.-Dienstvorschrift § 18, Bek. vom 16. und 25. April 1921 (GVBl. S. 296 und 299), Bek. vom 11. April 1922 (GVBl. S. 224). Von den Angehörigen der Landespolizei sind die oberen Beamten und Zugswachtmeister zu Hilfsbeamten der Staatsanwaltschaft erklärt: Bek. vom 30. Mai 1921 (GVBl. S. 336).

Die Polizeibeamten sind damit aber nicht Beamte der Staatsanwaltschaft geworden, auch steht dem Staatsanwalt keine Dienststrafgewalt über die Hilfsbeamten zu. Sie sind auch nur Hilfsbeamte, soweit sie ihren eigenen selbständigen Wirkungskreis der Administrativpolizei verloren haben und gemäß §§ 161, 163 oder 189 StPO. in das Gebiet der gerichtlichen Polizei übergetreten sind.

2. Die Pflichten des Beamten.

Amts- und Dienstpflicht. Es ist zu unterscheiden

a) Die Amtspflicht d. i. die Pflicht zur gesetzmäßigen Amtsführung und

b) die Dienstpflicht d. i. der Inbegriff der Pflichten, die aus dem Staatsdienstverhältnis hervorgehen.

Die Verletzung der Amtspflicht unterliegt als Verbrechen oder Vergehen im Amte der Kriminalstrafe, die Verletzung der Dienstpflicht als Dienstvergehen der Dienststrafe. Über Verbrechen und Vergehen im Amte vgl. §§ 174, 331—359 StGB.

Über Beamtenhaftpflicht § 839 BGB. und Art. 13 des bayer. Beamtengesetzes.

Dienstvergehen ist jede schuldhafte Verletzung der dem Beamten als solchem obliegenden Pflichten (Art. 105 des Beamtengesetzes). Welche Pflichten dem einzelnen Beamten obliegen, ist aus den einschlägigen Gesetzen, Verordnungen und Dienstvorschriften zu entnehmen. In Art. 11, 12 und 14 des Beamtengesetzes sind als Pflichten jedes Beamten aufgeführt:

a) gewissenhafte Wahrnehmung aller Obliegenheiten des ihm übertragenen Amtes entsprechend den Gesetzen, Verordnungen und Dienstvorschriften,
b) würdiges Verhalten im und außer dem Amte,
c) Gehorsam gegenüber den Dienstbefehlen der Vorgesetzten,
d) Amtsverschwiegenheit.

Vgl. hierzu auch Gend.-Dienstvorschrift §§ 2—11.

Zu a)

Gewissenhaftigkeit. Die Pflicht des Beamten zur Dienstleistung besteht in der Verbindlichkeit, innerhalb der gesetzlichen Grenzen seiner Obliegenheiten die aufgetragenen Geschäfte gewissenhaft zu besorgen.

Die Übernahme eines Nebenamtes oder eines Nebengeschäftes ist nur gestattet, soweit dieses mit der gewissenhaften Erfüllung der Pflichten, und mit der Achtung, die der Beruf erfordert, vereinbar ist (Art. 18 Abs. I des Beamtengesetzes).

Über die Anzeigepflicht des Polizeibeamten insbes. vgl. unten Abschn. IV B 1.

Die Verpflichtung zum Einschreiten gegen strafbare Handlungen besteht auch für den Sicherheitsbeamten, der augenblicklich nicht im Dienste ist, der sich z. B. während seiner dienstfreien Zeit auf einem Spaziergang befindet. Vgl. auch § 29 der Gend.-Dienstvorschrift. Dienstvorschriften über die Arbeitsdauer haben nur den Sinn, eine Grenze nach unten, nicht nach oben zu ziehen. Ohne Bedeutung ist auch, ob der Polizeibeamte sich in Uniform oder in Zivil befindet; er gibt sich durch seinen Ausweis zu erkennen und „setzt sich in Dienst".

Zu b)

Würdiges Verhalten. Die Bestimmung ist notwendig, weil das Vertrauen zum Staat und die Achtung vor dem Staate schwindet, wenn der Beamte in seinem Gebaren die Grenzen überschreitet, die Gesetz,

Sitte und Anstand vorschreiben. Der anzulegende Maßstab ist für die verschiedenen Beamtenkategorien verschieden. Besonders streng ist er bei dem Polizeibeamten zu nehmen, dessen Dienst sich beinahe ausschließlich in der vollen Öffentlichkeit abspielt, der berufen ist, die Staatsautorität geltend zu machen und unter Umständen die verfassungsmäßig garantierten Rechte des Staatsbürgers (persönliche Freiheit, Unverletzbarkeit der Wohnung) anzutasten. Zu beanstanden ist z. B. gewohnheitsmäßige Trunkenheit, Borgen bei Untergebenen, liederlicher Umgang.

Die Annahme oder Forderung von Geschenken oder anderen Vorteilen für eine in das Amt einschlagende an sich nicht pflichtwidrige Handlung ist nach § 331 StGB. strafbar; enthält die Handlung eine Verletzung der Amts- oder Dienstpflicht, wenn auch nur als Mißbrauch des freien Ermessens, so tritt die schwere Strafe des § 332 StGB. ein. Da das Bestechungsmittel nach § 335 StGB. dem Staate verfallen ist, darf der Beamte sich nicht damit begnügen, das Angebot zurückzuweisen, sondern er hat den betreffenden Gegenstand in Verwahr zu nehmen. Über die Bestechung nicht beamteter, bei Behörden beschäftigter Personen: VO. vom 3. Mai 1917 (RGBl. S. 393) in der Fassung der VO. vom 12. Febr. 1920 (RGBl. S. 230).

Religiöse u. politische Betätigung. Das Bekenntnis einer politischen, wissenschaftlichen oder religiösen Ansicht kann im Allgemeinen die Achtung nicht verletzen, die das Amt erfordert. Art. 130 Abs. II der Reichsverfassung und § 67 Abs. I der bayer. Verfassungsurkunde gewährleisten dem Beamten die Freiheit der religiösen und politischen Gesinnung; Art. 118 der Reichsverfassung spricht aus, daß niemand durch ein Arbeits- oder Angestelltenverhältnis behindert sein soll, innerhalb der Schranken der allgemeinen Gesetze seine Meinung durch Wort, Schrift, Druck, Bild oder in sonstiger Weise frei zu äußern. Das schließt jedoch nicht aus, daß die Art und Weise, *wie* der Beamte seine Gesinnung *betätigt*, sich als unwürdiges Verhalten darstellen kann. So ist (nach BayVerwBl. Bd. 73 S. 170) die *öffentliche* kommunistische Betätigung eines Beamten als Grund zur Entlassung aus dem Staatsdienste erachtet worden. Das preußische Oberverwaltungsgericht scheint nicht ganz so weit zu gehen, denn es hat entschieden, daß das Bekenntnis zur kommunistischen Partei für sich allein noch keine Verletzung der dem Beamten durch sein Amt auferlegten Pflichten und ebensowenig ein unwürdiges Verhalten in oder außer dem Amte darstellt. Ein Dienstvergehen, das zur Dienstentlassung führen könnte, würde erst dann vorliegen, wenn der Beamte das auf einen gewaltsamen Umsturz der bestehenden Staatsordnung gerichtete Ziel der Partei durch positive Handlungen zu fördern versuchen würde (Reger Bd. 42 S. 332).

Eine Pflicht, die jeweilige Regierungspolitik zu unterstützen, ist zwar auch nicht für die sog. politischen Beamten anzuerkennen; doch wird dadurch die Befugnis der Regierung nicht berührt, durch administrative — nicht dienststrafrechtliche — Maßnahmen die ihr aus politischen Gründen unerwünschte und die eingeschlagene Richtung des Regierungskurses gefährdende politische Betätigung eines Beamten auszuschalten.

Wegen der politischen Betätigung der Landespolizeibeamten vgl. Landespolizeibeamtengesetz vom 26. Aug. 1922 (GVBl. S. 427) Art. 6.

Auch die Gemeindebeamten sind gehalten, in und außer dem Amte ein Verhalten zu pflegen, wie es Ehre und Sitte erfordern: VGH. Bd. 39 S. 133.

Zu einem achtungswürdigen Verhalten gehört auch, daß der Beamte in und außer Dienst dem Vorgesetzten die schuldige und im Verhältnis der dienstlichen Über- und Unterordnung begründete rücksichtsvolle Achtung entgegenbringt (Grußpflicht).

Über die gewerbsmäßige Ausübung der Musik durch Beamte; Bek. v. 7. Okt. 1925 (GVBl. S. 259).

Zu c)

Gehorsam. Art. 12 Abs. 1 des Beamtengesetzes sagt:

> Soweit der Beamte im Vollzug eines Dienstbefehls handelt, trifft die dienstliche Verantwortung den anordnenden Vorgesetzten.

Der Beamte ist zwar nicht zur Prüfung der materiellen Gesetzmäßigkeit, wohl aber zur Prüfung der formellen Rechtmäßigkeit des ihm erteilten Befehles verpflichtet. Er hat also lediglich zu prüfen, ob ein Dienstbefehl vorliegt, insbes. ob der Vorgesetzte den Befehl innerhalb seiner Zuständigkeit gegeben hat.

So handelt der Vollzugsbeamte, der in seinem Wirkungskreis eine ihm von der vorgesetzten Behörde aufgetragene — unzulässige — Sistierung vollzieht, rechtmäßig, wenn Anordnungen der in Frage stehenden Art von der Behörde im Allgemeinen getroffen werden können. Ob die Zuständigkeit im einzelnen überschritten wird, kann und darf der Untergebene nicht prüfen. Doch ist der Beamte, dem offensichtlich rechtswidriges Tun befohlen wird, berechtigt und verpflichtet, die Ausführung des Dienstbefehls zu verweigern.

Durch einen Dienstbefehl kann unter Umständen auch in das Privatleben eines Beamten eingegriffen werden, wenn es das dienstliche Interesse erfordert. (Vgl. Reger Bd. 36 S. 429). Die irrtümliche Annahme über das Vorliegen eines entsprechenden Dienstbefehles vermag das Fehlen dieses Befehles nicht zu ersetzen (BayVerwBl. Bd. 74 S. 153).

Über die Frage des Beamtenstreikrechtes vgl. MB. vom 27. Februar 1923 (StAnz. Nr. 50), Reger Bd. 44 S. 108 und BayVerwBl. Bd. 73 S. 205.

Zu d)

Amtsverschwiegenheit. Vgl. hiezu § 54 StPO.

Das Dienstgeheimnis umfaßt auch den Einblick in Akten, Pläne, Rechnungen, Vorräte usw. Es besteht auch, nachdem das Dienstverhältnis gelöst ist. (Vgl. BayVerwBl. Bd. 74 S. 340).

Die Schweigepflicht gilt für den Beamten auch, wenn er in Ausübung seines Dienstes in nicht öffentlicher Weise beleidigt wurde; er bedarf daher zur Erhebung einer Privatklage der Erlaubnis der vorgesetzten Behörde.

Über die Befreiung der Gend.=Beamten von der Pflicht zur Amtsverschwiegenheit vgl. Bek. vom 21. Nov. 1913 (GVBl. S. 807). Über die Wahrung des Dienstgeheimnisses durch nichtbeamtete, bei Behörden beschäftigte Personen: VO. vom 3. Mai 1917 (RGBl. S. 393) in der Fassung der VO. vom 12. Febr. 1920 (RGBl. S. 230).

Dienststrafrecht. Über das Dienststrafrecht der Staatsbeamten: Art. 105 ff. des Beamtenges. vom 16. Aug. 1908.

Über das Dienststrafrecht der Gemeindebeamten vgl. Art. 167 der Gemeindeordnung in der Fassung des Art. 11 des Gemeindebeamtengesetzes vom 15. Juli 1916 (GVBl. S. 113) und Bay. GemVZ. 1924 S. 697 ff.

Über das Dienststrafrecht der nicht berufsmäßigen Gemeindebeamten vgl. Urt. des Bayer. Disziplinarhofes für nichtrichterliche Beamte vom 5. Mai 1926 (BayVerwBl. Bd. 74 S. 286).

Stellt die Gemeindebehörde begründete Beschwerden einzelner gegen untergeordnete Sicherheitsorgane nicht ab oder vernachlässigt sie sonst die Handhabung der Aufsicht und Disziplin über diese, so kann die vorgesetzte Aufsichtsbehörde gemäß Art. 169 Abs. II Gemeindeordnung (in der Fassung des Gesetzes vom 24. Aug. 1923, GVBl. S. 281) selbst einschreiten.

Das Dienststrafrecht für die Landespolizeibeamten ist in Art. 19—25 des Landespolizeibeamtengesetzes vom 26. Aug. 1922 (GVBl. 427) geregelt.

3. Der Schutz der Beamten.

Ungestörte Dienstausübung. Das Gesetz hat eine Reihe von Bestimmungen getroffen, um dem Beamten die ungehinderte Ausübung seines Dienstes zu sichern. Zunächst bestimmt Art. 7 des AG. vom 18. August 1879 zur StPO. in Verbindung mit Art. II der VO. vom 23. Nov. 1923 (RGBl. I S. 1117), daß mit Haft bis zu 3 Tagen oder an Geld bis zu 1000 Mk. bestraft werden kann, wer ungeachtet erfolgter Warnung durch ungeziemendes Benehmen vor einer öffentlichen Stelle oder Behörde dieselbe in ihrer Dienstverrichtung stört oder die ihr gebührende Achtung verletzt. Nach einer Entscheidung des BayObLG. (MABl. 1923, S. 27) ist durch Art. 7 auch jede einzelne Person geschützt, die mit der Ausübung eines öffentlichen Dienstes betraut ist, also auch ein Polizeibeamter, der, ohne unmittelbarer Vertreter einer staatlich eingerichteten Behörde zu sein, außerhalb des Sitzes seiner Behörde auf öffentlichen Straßen und Plätzen dienstlich tätig wird.

Dann haben Behörden und Beamte des Polizeidienstes selbstverständlich auch das Recht der Notwehr (§ 53 StGB.), ebenso wie § 123 StGB. (Hausfriedensbruch) auch auf Amtsräume Anwendung findet.

§ 113 StGB. bedroht ferner den Widerstand gegen die Staatsgewalt mit schweren Freiheitsstrafen; zu bemerken ist hierbei, daß die im Gesetz geforderte rechtmäßige Ausübung des Amtes nicht vorliegt, wenn der Beamte seine sachliche und örtliche Zuständigkeit überschreitet. Ein ihm dabei geleisteter Widerstand ist daher nicht strafbar. Dieses gilt auch dann, wenn der Beamte irrtümlich das Vorliegen eines entsprechenden Dienstbefehles annahm; Rechtsirrtum entschuldigt nicht (BayerVerwBl. Bd. 74 S. 155).

Dagegen ist die Rechtmäßigkeit der Amtsausübung von der inneren (materiellen) Richtigkeit nicht abhängig; ein trotz pflichtgemäßer Erwägung unterlaufener tatsächlicher und entschuldbarer Irrtum (z. B. über die Voraussetzungen einer vorläufigen Festnahme) ist daher auf die Strafbarkeit eines dabei geleisteten Widerstandes ohne Einfluß.

§ 114 StGB. bedroht die Nötigung zur Vornahme oder Unterlassung einer Amtshandlung mit schwerer Freiheitsstrafe. Der Begriff der „Drohung“ im Sinne des § 114 erfordert dabei nicht notwendig, daß dem Bedrohten als Übel rein persönliche Nachteile in Aussicht gestellt werden; es kommen vielmehr hiefür auch Nachteile in Betracht, die das Wohl und die Sicherheit der Allgemeinheit treffen würden und zwar jedenfalls dann, wenn die Wahrung der von der Drohung berührten allgemeinen Interessen dem bedrohten Beamten obliegt oder wenn die Gefährdung der Interessen irgendwie eine benachteiligende Wirkung innerhalb des Amtskreises des Beamten zu äußern ververmag. Hierher gehört z. B. die Nötigung eines Bürgermeisters durch Drohung mit einem Streik lebenswichtiger Betriebe. (Reger Bd. 41 S. 213).

§ 164 StPO. bestimmt endlich, daß im Strafverfolgungsverfahren Personen, welche Amtshandlungen an Ort und Stelle vorsätzlich stören oder sich den vom leitenden Beamten getroffenen Anordnungen widersetzen, festgenommen und bis zur Beendigung der Amtsverrichtungen, jedoch nicht über den nächstfolgenden Tag hinaus festgehalten werden können.

Über das Recht zum Waffengebrauch siehe unten Abschnitt V 2.

Presseangriffe. Bezüglich etwaiger Angriffe in der Presse ist zu bemerken, daß ein allgemeines Recht der Presse, das öffentliche Interesse wahrzunehmen und dabei die Ehre anderer durch Behauptung nicht erweisbarer Tatsachen anzugreifen, nicht besteht; das gilt auch, soweit ein Mitglied des Reichs- oder Landtages als verantwortlicher Schriftleiter zeichnet. Vgl. hierüber unten Abschn. IV A Ziff. 2 (Pressepolizei). Doch kann der Presse das Recht nicht abgesprochen werden, öffentliche Mißstände, z. B. Unzulänglichkeiten einer Behörde oder eines Beamten zu kritisieren, nur darf die Form der Äußerung keine Beleidigung enthalten. Über die Grenzen der Wahrnehmung berechtigter Interessen bei beleidigender abfälliger Beurteilung eines Beamten vgl. Urteil des BayObstLG. vom 23. Februar 1926 (BayVerwBl. Bd. 74 S. 239).

Über den staatlichen Ehrenschutz: MB. v. 21. Okt. 1926, GVBl. S. 501.

Polizeiulk. Eine bewußte Irreführung der Polizei zum Zwecke der Verächtlichmachung oder Verhöhnung (Ulk, Fopperei) kann als Beleidigung nach § 185 StGB. bestraft werden. Vgl. Reger, Bd. 43 S. 272.

IV. Die wichtigsten Tätigkeitsgebiete der Sicherheitspolizei.

A. Administrativpolizei.

1. Engere Sicherheitspolizei.

Aufrechterhaltung der öffentl. Ruhe, Ordnung und Sicherheit. a) Bereits im Abschnitt I wurde ausgeführt, daß die Erhaltung der öffentlichen Ruhe, Ordnung und Sicherheit die wichtigste Aufgabe der Polizei ist; von ihr hängt der Bestand eines geordneten Staatswesens und damit auch die Durchführung aller Gesetze und sonstigen Anordnungen des Staates und die ungestörte Tätigkeit der Gerichte ab. Die Polizeibehörden haben daher insbesondere jeden Widerstand gegen die Staatsgewalt zu brechen und gegen Angriffe auf die öffentliche Ordnung nötigenfalls mit Waffengewalt vorzugehen. (Siehe hierüber Näheres unter Abschn. V).

In Betracht kommen hauptsächlich die §§ 110, 111 StGB. (Aufforderung zum Ungehorsam gegen die Gesetze), ferner § 112 StGB. (Verhetzung von Personen des Soldatenstandes).

(Vgl. hierzu die Verordnung des Reichspräsidenten vom 30. Mai 1920, Reichsgesetzblatt S. 1147).

Dann die §§ 115 und 116 StGB. (Aufruhr und Auflauf), 125 (Landfriedensbruch), 126 (Landzwang), 127 (Bandenbildung).

Über den Begriff der Zusammenrottung vgl. ZRpfl. 1926 S. 89.

Wegen des Ersatzes der durch innere Unruhen verursachten Sachschäden vgl. Gesetz vom 12. Mai 1920, RGBl.

S. 941, in der Fassung des Art. I der VO. vom 29. März 1924, RGBl. I S. 381. Hierzu VO. vom 15. Sept. 1920, RGBl. S. 1647, in der Fassung des Art. III der VO. vom 29. März 1924, RGBl. I S. 381 und bayer. Vollzugsbekanntm. vom 27. Mai 1920, Min.-Amtsblatt S. 172, vom 9. Okt. 1920, MABl. S. 392 und vom 15. April 1924, MABl. S. 89.

Wegen des Ersatzes von Tumultpersonenschäden vgl. Gesetz vom 15. Juli 1922, RGBl. S. 620, § 18 in der Fassung des Art. II der VO. vom 29. März 1924, RGBl. I S. 381.

Wegen der Vertretung des Landesfiskus im Entschädigungsverfahren: ME. vom 2. Oktober 1924, StAnz. Nr. 230.

Politische Polizei. b) Die Polizeibehörden haben ferner gegen politische Umtriebe jeder Art einzuschreiten; es gehört hierher die Bekämpfung von Hochverrat (§§ 81 bis 86 StGB.), ferner der Geheimbündelei (§§ 128 und 129 StGB.) und Aufreizung zum Klassenkampf (§ 130 StGB., s. hierüber unter „Pressepolizei"), des weiteren der Verbrechen und Vergehen in bezug auf die Ausübung staatsbürgerlicher Rechte: Sprengung und Nötigung des Reichs- oder Landtages (§§ 105, 106 StGB.), Wahlbehinderung (§ 107 StGB.).

Ferner ist hier einschlägig das Gesetz zum Schutze der Republik vom 21. Juli 1922 (RGBl. I S. 585), das die Teilnahme an Bestrebungen zur Beseitigung von Regierungsmitgliedern und sonstige Angriffe gegen diese mit schweren Strafen bedroht und die in den §§ 128, 129 StGB. angedrohten Strafen verschärft, falls die Verbindungen Bestrebungen verfolgen, die geltende Staatsform zu untergraben.

Eine wichtige Aufgabe der Sicherheitspolizeibehörden ist ferner die Bekämpfung des Landesverrates und des Verrates militärischer Geheimnisse. Einschlägig sind hierzu die §§ 87 bis 93 StGB. und das Gesetz gegen den Verrat militärischer Geheimnisse vom 3. Juni 1914 (RGBl. S. 195).

Ruhestörungen und grober Unfug. c) Des weiteren haben die Sicherheitsbehörden gegen Ruhestörungen jeder Art einzuschreiten und die zur Erhaltung der Sicherheit und Ruhe auf öffentlichen Wegen, Straßen und Plätzen erforderlichen ober-, bezirks- und ortspolizeilichen Vorschriften zu erlassen. Vgl. § 366 Ziffer 10

StGB., ferner Art. 44 PolStGB., wonach ober- und bezirks-polizeiliche Vorschriften, sowie in dringenden Fällen Verfügungen der Bezirks- und Ortspolizeibehörde zur Aufrechterhaltung der öffentlichen Ruhe, Ordnung und Sicherheit bei Volksfesten, religiösen Feierlichkeiten, Truppenbewegungen, Eisenbahnbauten und sonstigen außergewöhnlichen Ansammlungen größerer Menschenmassen erlassen werden können. Vgl. hierzu oberpolizeiliche Vorschriften über öffentliche Verbreitung von Plakaten, Flugblättern und Flugschriften vom 12. Dez. 1925, GVBl. S. 269 — hierüber näheres unter Abschn. IV A 2 — und vom 18. Okt. 1910 zur Aufrechterhaltung der öffentlichen Ruhe, Ordnung und Sicherheit bei Eisenbahnbauten (GVBl. S. 987).

Gemäß § 360 Ziffer 11 StGB. haben die Polizeibehörden ferner gegen die Erregung ruhestörenden Lärmes und die Verübung groben Unfugs einzuschreiten. Es ist dabei zur Strafbarkeit nicht erforderlich, daß der Lärm oder der Unfug an einem öffentlichen Orte verübt oder die öffentliche Ruhe oder Ordnung tatsächlich gestört wurde; es genügt, daß die Handlung geeignet war, eine unbestimmte Anzahl von Personen zu beunruhigen oder zu belästigen. Auf den Erfolg kommt es nicht an, doch muß nicht nur die abstrakte Möglichkeit der Wahrnehmbarkeit vorgelegen sein. Auch pflichtwidrige Nichtverhinderung von Lärm ist strafbar. So kann die Verübung eines mit einem erlaubten Gewerbebetrieb verbundenen Lärmes den Tatbestand des § 360 Ziffer 11 StGB. erfüllen, wenn dadurch das Publikum unnötig oder übermäßig belästigt wird (vgl. Reger Bd. 42 S. 270 und BayVerwBl. Bd. 74 S. 317).

Zum groben Unfug kann auch das Streikpostenstehen werden, wenn dabei Passanten einer Kontrolle unterworfen oder sonst auf sie eingewirkt wird (z. B. bei Durchführung eines Wirtschaftsboykottes oder eines Bankstreikes vgl. Reger Bd. 32 S. 97). Auch durch straßenpolizeiliche Vorschriften kann das Streikpostenstehen beschränkt sein.

Waffen. d) Nach § 367 Abs. I Ziff. 9 StGB., Art. 2 Ziff. 10, Art. 39 PolStGB. und VO. v. 19. Nov. 1887 (GVBl. S. 655) ist Bettlern, Landstreichern, Zigeunern und allen nach Zigeunerart umherziehenden Personen, ferner Geisteskranken, Personen unter 18 Jahren, Lehrlingen, bei Eisenbahnbauten beschäftigten Arbeitern, dann ledigen Dienstboten, Taglöhnern, Gewerbsgehilfen, Fabrikarbeitern, in der Hausindustrie beschäftigten Personen und ledigen Haussöhnen die Führung bestimmter Waffen ohne polizeilichen Erlaubnisschein untersagt. Ebenso ist das Feilhalten oder Mitsichführen von Schußwaffen, welche in Stöcken oder in ähnlicher Weise verborgen sind, allgemein nur mit Bewilligung der Bezirkspolizeibehörde zulässig. Auch das Mitsichführen von Stoß- oder Hiebwaffen dieser Art ist den oben aufgeführten Klassen von Personen ohne polizeiliche Erlaubnis untersagt. Diese Vorschriften haben eine Ausdehnung erfahren durch die Verordnungen vom 7. Dez. 1921 über die Führung von Schußwaffen in den Landesteilen rechts des Rheins (GVBl. S. 585) und vom 23. Nov. 1922 über die Führung von Schlagwaffen (GVBl. S. 645).

Zigeuner und Landfahrer dürfen Schußwaffen und Schießbedarf nur mit ausdrücklicher Erlaubnis der zuständigen Polizeibehörde besitzen: Art. 4 des Zigeunergesetzes v. 16. Juli 1926, GVBl. S. 359.

Über das Aufsammeln von Waffen außerhalb des Gewerbebetriebes vgl. § 360 Abs. I Ziff. 2 StGB. Über die Verheimlichung von Waffenlagern: §§ 7 und 8 des Gesetzes zum Schutz der Republik v. 21. Juli 1922 (RGBl. I S. 585). Über den Kauf militärischer Bewaffnungsstücke: § 370 Ziff. 3 StGB.

Schießen an bewohnten oder von Menschen besuchten Orten: § 367 Abs. I Ziff. 8 StGB.

Sprengstoffe. e) Von besonderer Wichtigkeit sind das Sprengstoffgesetz vom 9. Juni 1884 (RGBl. S. 61), dazu die Verordnung v. 17. Jan. 1910 (GVBl. S. 45) über die Zuständigkeit zur Erlassung von Ausführungsvorschriften und die oberpolizeilichen Vorschriften vom 26. Jan. 1910 (GVBl. S. 46), ferner die Bek. vom 12. Dez. 1922 (GVBl. S. 667) über die polizeiliche Genehmigung zur Herstellung, zum Vertrieb und zum Besitze von Sprengstoffen sowie zu ihrer Einführung aus dem Auslande (Sprengstofferlaubnisscheine). Zur Herstellung, zum Vertrieb, zum Besitz, zur Lagerung und zur Verwendung von Sprengstoffen ist hiernach bezirkspolizeiliche Genehmigung erforderlich; auch sind bestimmte Vorschriften über die Anlage der Magazine, die Ausführung der Sprengarbeiten und die Aufstellung der Feuerwerker gegeben.

Die MB. vom 27. Juli 1905 (GVBl. S. 531) über den Verkehr mit Sprengstoffen enthält allgem. Bestimmungen über die zum Verkehr zugelassenen Sprengstoffe, über die Verpackung und Versendung von Sprengstoffen, über den Handel, die Aufbewahrung, Verausgabung und Lagerung von Sprengstoffen. (Die §§ 2 Abs. I,

6, 7, 10, 11 Abs. IV, 17 a, 19, 26 Abs. I, III dieser Bekanntmachung sind geändert bzw. eingeschaltet durch Bekanntmachung vom 31. Dez. 1926, GVBl. 1927 S. 2; § 24, Verbot der losen Ausgabe von Sprengpatronen durch Fabriken und Händler, wurde durch Bekanntmachung vom 19. Jan. 1923, GVBl. S. 24, § 25 durch Bek. vom 9. Jan. 1926, GVBl. S. 221 geändert). Hieraus ist insbes. hervorzuheben, daß nach § 26 Abs. I dieser Bekanntmachung in Verbindung mit § 367 Ziffer 5 StGB. nicht nur die Abgabe von Sprengstoffen im engeren Sinn, sondern auch die Abgabe von Feuerwerkskörpern und pyrotechnischen Scherzartikeln, mit deren Verwendung Gefahr für Personen oder Eigentum verbunden ist (Kanonenschläge, Frösche, Schwärmer und dergl.), an Personen, von denen ein Mißbrauch zu befürchten ist, verboten ist. Unter allen Umständen gilt das von der Abgabe an Jugendliche unter 16 Jahren. Vgl. ME. vom 27. März 1920, MABl. S. 125. Nach § 29 a. a. O. darf ferner, wer mit Pulver, Sprengsalpeter, brennbarem Salpeter, Feuerwerkskörpern, Zündplättchen oder Patronen — abgesehen von für Handfeuerwaffen bestimmten Metall- und Jagdpatronen — Handel treibt, im Kaufladen nicht mehr als $2^1/_2$ kg, im Haus nicht mehr als 10 kg vorrätig hatten. Andere Personen bedürfen für die Aufbewahrung von mehr als $2^1/_2$ kg der ortspolizeilichen Erlaubnis (§ 30). Größere als die in § 29 angegebenen Mengen sind außerhalb der Ortschaften in besonderen Magazinen aufzubewahren, von deren Sicherheit die Bezirkspolizeibehörde sich überzeugt hat (§ 31). Sondervorschriften für die Beförderung von Sprengstoffen auf Lastkraftwagen sind im GVBl. 1927 S. 5 veröffentlicht.

Endlich gehören hierher die oberpolizeilichen Vorschriften vom 23. März 1921 (GVBl. S. 115) über die Verwendung flüssiger Luft bei Ausführung von Sprengarbeiten, vom 18. Jan. 1924 über den Vertrieb von Sprengstoffen an den Bergbau (GVBl. S. 11) und die oberbergpolizeilichen Vorschriften vom 30. Juli 1900 u. 30. Sept. 1920 (GVBl. S. 843/911), geändert unterm 27. Mai 1920 (GVBl. S. 272) und 18. Jan. 1924 (GVBl. S. 13).

Über den Handel mit Sprengstoffen vgl. auch § 35 Abs. II der Reichsgewerbeordnung.

Vom Ankauf und Feilbieten im Umherziehen sind explosive Stoffe, insbes. Feuerwerkskörper, Schießpulver und Dynamit, ferner Stoß-, Hieb- und Schußwaffen ausgeschlossen: § 56 Abs. II Ziff. 6 und 8 RGO.

Über Sprengungen ohne Beachtung der erforderlichen Vorsichtsmaßregeln: Art. 86 PolStGB.

Bei der Handhabung der engeren Sicherheitspolizei kommen als administrative Maßnahmen hauptsächlich in Betracht:

aa) Sistierung, Polizeihaft, Schutzhaft und Aufenthaltsbeschränkungen.

Zwangsgestellung (Sistierung) α) Die polizeiliche Zwangsgestellung (Sistierung) einer Person — Art. 102 Abs. I AGStPO. — ist dann vorzunehmen, wenn sie zur wirksamen Durchführung der den Polizeibehörden obliegenden gesetzlichen Aufgaben erforderlich ist. Es gehört hierher insbesondere die Festnahme einer Person zur Aufrechterhaltung der öffentlichen Ruhe und Sicherheit, zur Personalienfeststellung oder Erteilung eines Unterkommensauftrages (§ 361 Ziff. 8 StGB.). Vgl. Reger Bd. 42 S. 76.

Nach Art. 102 Abs. II a. a. O. ist außerdem die vorläufige Festnahme einer auf frischer Tat betretenen Person zulässig, wenn sie erforderlich ist, um die Fortsetzung einer strafbaren Handlung zu verhindern. Der Festgenommene ist unverzüglich, soferne er nicht wegen Wegfallens der Ursache der Festnahme sofort wieder in Freiheit gesetzt wird, dem Amtsrichter des Bezirkes, in welchem die Festnahme erfolgt ist, vorzuführen. Die Festnahme zu dem Zwecke, um die Fortsetzung einer strafbaren Handlung zu verhindern, darf in keinem Falle über 24 Stunden fortgesetzt werden: Abs. III und V a. a. O.

Polizeihaft. β) Die Polizeihaft kann in Anwendung gelangen bei Zigeunern, Landfahrern und Arbeitsscheuen zur Durchführung der nach Art. 8—10 des Zigeunergesetzes angeordneten Maßnahmen, außerdem bei Ausländern, denen die Freiheit der Person nach Art. 114 RV. nicht garantiert ist, bis zur Ermöglichung der Ausweisung. Über die Kosten der Polizeihaft: BayVerwBl. Bd. 75 S. 5.

Schutzhaft. γ) Bei politischen Umtrieben kommt ferner der Verhängung von Schutzhaft und Aufenthaltsbeschränkungen erhöhte Bedeutung zu. In Art. 114 der Reichsverfassung ist zwar jedem Deutschen Freiheit der Person garantiert; nach Art. 48 Abs. II der Reichsverfassung kann der Reichspräsident aber, wenn im Deutschen Reiche die öffentliche Sicherheit und Ordnung erheblich gestört oder gefährdet wird, die zur Wiederherstellung der öffentlichen Sicherheit und Ordnung nötigen Maßnahmen treffen; er kann zu diesem Zwecke insbesondere den Art. 114 der Reichsverfassung vorübergehend außer Kraft setzen. Bei Gefahr im Verzug können gemäß Abs. IV auch die Landesregierungen für ihr Gebiet einstweilige Maßnahmen dieser Art treffen.

Anstaltsverwahrung. δ) Nach Art. 80 Abs. II PolStGB. ist die Polizeibehörde des weiteren berechtigt, gemeingefährliche Geisteskranke oder Blödsinnige in einer Irrenanstalt unterzubringen oder sonst zu verwahren.

Über die Zuständigkeit: § 23 der VO. v. 4. Jan. 1872 in der Fassung der VO. v. 26. Nov. 1915 (GVBl. S. 724); über das dabei zu beachtende Verfahren: ME. v. 1. Jan. 1895 (MABl. S. 2), über die Pflicht des Fürsorgeverbandes zur Kostentragung: VGH. Bd. 42 S. 79.

Aufenthaltsanweisung. ε) Nach § 9 des Gesetzes zum Schutze der Republik vom 21. Juli 1922 (RGBl. S. 585) kann ferner neben jeder Verurteilung wegen Hochverrates oder wegen eines Verbrechens gegen die Paragraphen 1 bis 6 des Gesetzes dem Verurteilten im Urteil der Aufenthalt in bestimmten Teilen oder an bestimmten Orten des Reiches auf die Dauer bis zu 5 Jahren angewiesen werden. Während hier der Polizeibehörde nur die Überwachung der gerichtlichen Anordnung obliegt, kann gemäß Art. 8, 10 des Zigeunergesetzes vom 16. Juli 1926 (GVBl. S. 359) bestraften Zigeunern und Landfahrern, sowie Arbeitsscheuen von mehr als 16 Jahren von der Polizeibehörde aus Gründen der öffentlichen Sicherheit für die Dauer von 3 Jahren der Aufenthalt in bestimmten Gemeinden oder Bezirken verboten oder ein bestimmter Aufenthaltsort vorgeschrieben werden.

bb) Polizeiaufsicht.

Polizeiaufsicht. Bei schweren Verbrechen des Widerstandes gegen die Staatsgewalt und wider die öffentliche Ordnung (Aufruhr, Meuterei, Landfriedensbruch), bei Münzverbrechen, Kuppelei, Zuhälterei, gewissen Sittlichkeitsvergehen, schwerem Diebstahl, Raub, Erpressung, Hehlerei u. a., sowie neben jeder Freiheitsstrafe wegen Verrates militärischer Geheimnisse oder bei Vergehen gegen das

Sprengstoffgesetz (§ 11) kann vom Gericht auf Zulässigkeit von Polizeiaufsicht erkannt werden: § 38 StGB.

Die Polizeiaufsicht hat nach § 39 StGB. folgende Wirkungen:

1. Dem Verurteilten kann der Aufenthalt an einzelnen bestimmten Orten von der höheren Landespolizeibehörde untersagt werden;

2. die höhere Landespolizeibehörde ist befugt, den Ausländer aus dem Reichsgebiet zu verweisen;

3. Haussuchungen unterliegen keiner Beschränkung hinsichtlich der Zeit, zu welcher sie stattfinden dürfen.

Über das Verfahren bei Verhängung der Polizeiaufsicht vgl. Zuständigkeitsverordnung vom 4. Januar 1872 § 1 (in der Fassung vom 26. Nov. 1915, GVBl. S. 723) und MB. vom 13. Aug. 1908 (GVBl. S. 562); wegen der Durchführung der Überwachung: Gend.-Dienstvorschrift § 56 Abs. IV.

Über den Bruch der Polizeiaufsicht: § 361 Ziff. 1 StGB.

cc) Ausweisung.

Ausweisung. Bei einer Reihe von Verbrechen und Vergehen (Raub, Diebstahl, Unterschlagung, Betrug, wiederholter Feld- und Forstfrevel usw.) ist ferner gemäß Art. 3 Ziff. 5 und 6 des Aufenthaltsgesetzes vom 21. August 1914 (GVBl. 1915 S. 589) — vorbehaltlich der Bestimmung in Art. 6 Abs. II — die Ausweisung des Täters aus der Aufenthaltsgemeinde und den Nachbargemeinden auf die Dauer von 2 Jahren zulässig. Bruch des Aufenthaltsverbotes wird nach Art. 28 PolStGB. bestraft.

Eine Ausweisung Reichsdeutscher aus dem Lande Bayern kann auf das Aufenthaltsgesetz nicht gestützt werden; sie ist vielmehr nur zulässig, wenn die betr. Person innerhalb der letzten 12 Monate in Bayern wegen wiederholten Bettels oder wiederholter Landstreicherei bestraft worden ist: § 3 Abs. II des Freizügigkeitsgesetzes vom 1. Nov. 1867; ME. vom 27. Juli 1894, die Auslegung und Anwendung des § 3 Abs. II FreizGes. betr. (MABl. S. 277) und vom 9. März 1895 (MABl. S. 187). Voraussetzung ist ferner, daß eine Übernahmeerklärung seitens des Heimatstaates vorliegt. Vgl. Gothaer Übereinkunft vom 15. Juli 1851 (RBl. S. 1397), insbes. §§ 8—12 und ME. vom 27. Juli 1894 (MABl. S. 287) Ziff. 4. Die Behörde des um Übernahme angegangenen Staates hat dabei lediglich die

Staatsangehörigkeit des zu Überstellenden, nicht aber die Frage zu prüfen, ob die Ausweisung mit Recht erfolgt ist. Ein Reichsangehöriger, der in einer bayerischen Gemeinde das Aufenthalts- (Asyl-)Recht nach Art. 6 Abs. II des bayer. Aufenthaltsgesetzes erworben hat, kann aus Bayern überhaupt nicht ausgewiesen werden (vgl. bayer. VerwBl. Bd. 73 S. 341 und BayGemVZ. 1926 S. 525).

Über die Ausweisung bestrafter Zigeuner und Landfahrer, sowie Arbeitsscheuer über 16 Jahre vgl. jedoch Art. 8, 10 des Zigeunergesetz. vom 16. Juli 1926, GVBl. S. 359.

Bei Ausländern hat in der Regel an Stelle der Polizeiaufsicht die Ausweisung aus dem Reichsgebiet zu treten: § 39 Ziff. 2 StGB. und § 6 Abs. III der MinBekanntm. vom 13. August 1908 (GVBl. S. 561).

Ferner kann bei Ausländern die Ausweisung aus sicherheitspolizeilichen Gründen außer den vorgenannten Fällen der Ziffern 5 und 6 des Art. 3 Aufenthaltsgesetzes insbesondere noch in Frage kommen im Falle der Ziffer 8 dieses Artikels (Teilnahme an einer größeren Sicherheitsstörung). In diesem Falle ist zunächst die Wegweisung aus der betreffenden Gemeinde auf die Dauer eines Jahres, gemäß Art. 8 Abs. I aber auch aus dem Lande Bayern zulässig, wenn es im öffentlichen Interesse geboten erscheint.

Ausländische Zigeuner und Landfahrer können aus Gründen der öffentlichen Sicherheit aus Bayern ausgewiesen werden, auch wenn sie nicht bestraft sind. (Art. 8 Abs. II des Zigeunergesetzes vom 16. Juli 1926, GVBl. S. 359).

Außerdem ist das Staatsministerium des Innern berechtigt, Ausländern aus Rücksicht auf die öffentliche Wohlfahrt den Eintritt nach Bayern zu versagen und dieselben aus dem Staatsgebiete zu verweisen. (Art. 8 Abs. II AufenthGes.).

Vergehen sich Ausländer gegen das Republikschutzgesetz, so ist ihre Ausweisung aus dem Reichsgebiet gesetzlich vorgeschrieben. Ihre Ausweisung ist ferner zulässig nach § 14 des Gesetzes gegen den Verrat militärischer Geheimnisse vom 3. Juni 1914 bei Vergehen gegen dieses Gesetz. Über die Zuständigkeit zur Ausweisung vgl. VO. vom 5. März 1916 (GVBl. S. 43).

Bis zur Ermöglichung der Durchführung der Ausweisung können die betreffenden Personen auch in Polizeihaft genommen werden. Ihre Zulässigkeit ist im Gesetze nicht ausdrücklich festgelegt, aber nicht zweifelhaft, da sie die Voraussetzung für die Durchführung der der Polizeibehörde obliegenden Verpflichtungen ist.

Die Ausweisung von Ausländern aus dem Reichsgebiet auf Grund der §§ 39, 284, 362 StGB. erfolgt nach der Reichskanzlerbekanntmachung vom 10. Dez. 1890 (MABl. S. 569) entweder

a) mittelst Transportes (§§ 3—7 der Bek.), oder
b) durch Erteilung eines Zwangspasses (§§ 8—12) oder
c) durch Bekanntmachung der Ausweisungsverfügung (§ 13).

Die Art der Vollziehung wird durch die ausweisende Behörde bestimmt, welche dabei zu beachten hat, inwieweit es mit Rücksicht auf internationale Beziehungen erforderlich ist, zunächst mit ausländischen Behörden — ev. auf diplomatischem Weg — behufs Übernahme des Auszuweisenden in Verbindung zu treten. Die zur Abschubung von Ausländern notwendigen Übernahmeverhandlungen werden von der Polizeidirektion München geführt, gleichviel ob und wo der Ausländer verwahrt ist: ME. vom 8. Febr. 1924 Nr. 2004 f. a 1. Ist anzunehmen, daß der Ausgewiesene der Ausweisung nicht ohne Anwendung körperlichen Zwanges Folge leisten wird, so ist die Ausweisung im Wege des Transportes zu vollziehen.

Über die Durchführung der Transporte vgl. des näheren unten Abschn. IV B 4.

Über Mitteilung der Ausweisung an das Reichsministerium des Innern: § 14 der Bek. vom 10. Dez. 1890, über die Kosten des Transportes: § 17 a. a. O.

Über den Bruch des Aufenthaltsverbotes: § 361 Ziff. 2 StGB., über Nichteinhaltung der vorgeschriebenen Reiseroute oder Reisezeit: Art. 45 PolStGB.

2. Pressepolizei.

Pressefreiheit. Nach Art. 118 der Reichsverfassung hat jeder Deutsche das Recht, innerhalb der Schranken der allgemeinen Gesetze seine Meinung durch Wort, Schrift, Druck, Bild oder in sonstiger Weise frei zu äußern. Eine Zensur findet nicht statt, doch sind zur Bekämpfung der Schund- und Schmutzliteratur gesetzliche Maßnahmen zulässig. Das Reichspressegesetz vom 7. Mai 1874 (RGBl. S. 65) — geändert durch Gesetz vom 1. Juli 1883 (RGBl. S. 159) und 3. Juni 1914 (RGBl. S. 195) — ist hierdurch, abgesehen von einigen Ausnahmen, nicht berührt worden.

Einschränkungen der hiernach bestehenden Pressefreiheit sind zulässig in Zeiten der Kriegsgefahr oder des Krieges nach § 30 des Pressegesetzes und § 10 des Gesetzes gegen den Verrat militärischer Geheimnisse vom 3. Juni 1914 (RGBl. S. 195).

Bei erheblicher Gefährdung oder Störung der öffentlichen Sicherheit und Ordnung können ferner auf Grund des Art. 48 der Reichsverfassung und des § 64 der bayer. Verf.-Urkunde Einschränkungen der Pressefreiheit angeordnet werden. In Bayern ist dies zuletzt durch die inzwischen wiederaufgehobene VO. vom 14. Februar 1925 (StAnz. Nr. 37) geschehen.

In § 21 des Gesetzes zum Schutze der Republik vom 21. Juli 1922 (RGBl. I S. 585) ist bestimmt, daß eine periodische Druckschrift zeitweise verboten werden kann, wenn durch ihren Inhalt die Strafbarkeit einer der in §§ 1 bis 8 des Gesetzes bezeichneten Handlungen begründet wird.

Gewerbepolizeiliche Vorschriften. Von gewerbepolizeilichen Bestimmungen ist für die Presse einschlägig § 14 Abs. II RGO., wonach Buch- und Steindrucker, Buch- und Kunsthändler, Antiquare, Leihbibliothekare, Inhaber von Lesekabinetten und Verkäufer von Druckschriften, Zeitungen und Bildern außer der Anzeige über die Eröffnung ihres Gewerbebetriebes (Abs. I) der Ortspolizeibehörde auch Anzeige über das Lokal zu erstatten haben.

Gemäß § 43 Abs. I a. a. O. ist ferner das gewerbsmäßige Ausrufen, Verkaufen, Verteilen, Anheften oder Anschlagen von Druckschriften oder anderen Schriften und Bildwerken auf öffentlichen Wegen, Straßen oder an anderen öffentlichen Orten in der Wohngemeinde von der Erlaubnis der Ortspolizeibehörde abhängig (vgl. § 29 der ME. vom 7. Febr. 1898 zum Vollzug der Gewerbeordnung, MABl. S. 77). Der gewerbsmäßige Vertrieb von Haus zu Haus in der Wohngemeinde (Stadthausieren) und die nichtgewerbsmäßige Verteilung von Presseerzeugnissen in geschlossenen Räumen ist von keiner Genehmigung abhängig: § 42 b Abs. III und § 43 Abs. V RGO.

Der Kolportagehandel außerhalb des Ortes der gewerblichen Niederlassung ist außer von der Genehmigung des Schriftenverzeichnisses (nach § 56 Abs. IV RGO.) von dem Besitze eines Wandergewerbescheines abhängig (§ 55 RGO.). Vgl. auch § 4 des Reichspressegesetzes vom 7. Mai 1874.

Druckschriften und Bildwerke, die in sittlicher oder religiöser

Hinsicht Ärgernis zu geben geeignet sind, sind nach § 42a, 56 Abs. III Nr. 12 RGO. vom Feilbieten im Wander- und Stadthausiergewerbe ausgeschlossen.

Das Ausrufen von Privatankündigungen oder ihr Anschlagen an fremdem Eigentum gegen ortspolizeiliches Verbot oder gegen den ausdrücklichen Willen des Eigentümers, sowie die Vernichtung fremder Anschläge ist nach Art. 37 PolStGB. strafbar. Über das böswillige Abreißen oder Beschädigen amtlicher Bekanntmachungen vgl. § 134 StGB.

Die Ausgabe von Extrablättern an Sonntagen ist gemäß § 105c Abs. I Ziff. 1 der Gewerbeordnung ohne weiteres zulässig, wenn es sich um amtlich verbreitete Mitteilungen handelt, sonst nur mit Genehmigung der Regierung, K. d. J. (§ 105e): Reger Bd. 35 S. 62.

Verkehrspolizeiliche Vorschriften. Verkehrspolizeilichen Charakters, aber in die Pressepolizei übergreifend, ist die (auf Grund des § 366 Ziff. 10 StGB. erlassene) Oberpolizeiliche Vorschrift vom 12. Dez. 1925 über die öffentliche Verbreitung von Plakaten, Flugblättern und Flugschriften (GVBl. S. 269) — § 3 in der Fassung vom 27. Okt. 1926, GVBl. S. 503 —. Hiernach dürfen nur solche Plakate, Flugblätter und Flugschriften an und auf öffentlichen Wegen, Straßen und Plätzen angeschlagen, ausgestellt, verbreitet oder sonst der Öffentlichkeit zugänglich gemacht werden, die lediglich Ankündigungen über nicht verbotene Versammlungen oder in geschäftsüblicher Form gehaltene wirtschaftliche oder Vergnügungsanzeigen enthalten, ferner solche, die von wirtschaftlichen Verbänden der Arbeitgeber und Arbeitnehmer für ihre Verbandszwecke der Öffentlichkeit zugänglich gemacht werden, sowie Flugblätter und Flugschriften, die gegen Entgelt verbreitet werden. Ausgenommen sind Bekanntmachungen öffentlicher Behörden. Plakate usw. aus Anlaß von Versammlungen dürfen hiebei nur die zur Bekanntgabe der Versammlungen erforderlichen rein sachlichen Angaben über Veranstalter, Ort und Zeit der Versammlung, Redner, Tagesordnung, Aussprache und Bedingungen des Eintrittes enthalten. Sie sind mindestens 24 Stunden vorher der Bezirkspolizeibehörde zur Kenntnisnahme vorzulegen. Plakate usw., die diesen Bestimmungen nicht entsprechen, können gemäß Art. 102 AG.StPO. untersagt oder entfernt werden.

Über die Rechtsprechung zur oberpoliz. Vorschr. vom 12. Dez. 1925 vgl. BayVerwBl. Bd. 74 S. 412 ff. und ZRpfl. 1926 S. 306.

Schund-literatur. Nach dem Ges. zur Bewahrung der Jugend vor Schund- und Schmutzschriften vom 18. Dez. 1926 (RGBl. I S. 505) ist ferner das Feilhalten, Anbieten oder Ankündigen von Schriften, die in die Liste der Schmutz- und Schundschriften aufgenommen sind, im Umherziehen oder Stadthausieren, ferner das Ausstellen in den Verkaufsräumen, endlich deren gewerbsmäßige Überlassung an Personen unter 18 Jahren verboten.

Die Ausführungsverordnung vom 23. Dez. 1926 (RMBl. S. 1067) trifft Bestimmungen über die Prüfstellen, das Prüfverfahren, die Rechtsmittel und die Oberprüfstelle in Leipzig. Zur Prüfung ist hiernach diejenige Prüfstelle zuständig, in deren Bereich der durch den Antrag betroffene Verleger seinen Sitz hat; antragsberechtigt sind die Landeszentralbehörden und die Landesjugendämter, soweit solche errichtet sind.

Über das Feilhalten unzüchtiger Druckschriften im Bahnhofsbuchhandel und auf öffentlichen Straßen und Plätzen: ME. vom 21. Okt. 1925 (MABl. S. 173).

Wegen der Verbreitung unzüchtiger und anstößiger Schriften vgl. im übrigen Ziff. 7 „Sittenpolizei".

Die Politik in der Presse. Über Beleidigungen, die durch die Presse begangen werden s. oben Abschn. III Ziffer 3.

Eine nach § 130 StGB. strafbare Aufreizung zum Klassenkampf ist gegeben, wenn in einem Zeitungsartikel die Erwartung ausgesprochen wird, daß das Proletariat erwachen und mit der Waffe in der Hand gegen seinen Feind, das Kapital, vorgehen werde. Die Absicht, den öffentlichen Frieden zu gefährden und Gewalttätigkeiten herbeizuführen, ist dabei nicht erforderlich; es genügt das Bewußtsein, daß dieser Erfolg durch den Zeitungsartikel herbeigeführt werden könne: Reger Bd. 42 S. 83. Belanglos ist auch, ob die Aufreizung überhaupt zur Kenntnis irgend jemandes gelangt ist, auf den sie hätte einwirken können; es genügt vielmehr zur Erfüllung dieses Begriffsmerkmales, daß die Kundgebung, die die Aufreizung enthält, der Allgemeinheit, dem Publikum, zugänglich gemacht worden ist: Reger Bd. 38 S. 182.

Abgeordnete als verantwortliche Schriftleiter einer Zeitung nehmen keine Ausnahmestellung ein; die Immunität des Abgeordneten beschränkt sich auf die parlamentarische Berufstätigkeit, die innerhalb des Hauses und in den Ausschüssen ausgeübt wird oder bei der Mitwirkung bei amtlichen Deputationen oder Kommissionen des Hauses. Wo die Jurisdiktion des Parlamentes oder seines Präsidenten aufhört, beginnt die Jurisdiktion der Gerichte. (Urteil des Bayer. ObstLG. v. 17. März 1926, Bayer. VerwBl. Bd. 74 S. 154).

Vgl. im übrigen über die Rechtsprechung auf dem Gebiete des Pressewesens Krais-Henle, Handbuch der inneren Verwaltung für Bayern § 137, über das Preßpolizeirecht im allgemeinen: Bay. VerwBl. Bd. 74 S. 449 ff.

Die Handhabung der Pressepolizei obliegt im allgemeinen den Bezirkspolizeibehörden. Wegen der Überwachung der Tageszeitungen insbesondere vgl. Min.-Entschl. v. 9. Juli 1868 (Weber Bd. VII S. 388). Die Überwachung hat sich sowohl auf die Einhaltung der formellen preßrechtlichen Bestimmungen, wie auf die Einhaltung der Strafgesetze zu erstrecken.

Beschlagnahme von Druckschriften. Bezüglich der Beschlagnahme von Druckschriften bestimmt § 23 des Pressegesetzes vom 7. Mai 1874, daß ohne richterliche Anordnung eine solche nur stattfinden darf

a) wenn auf der Druckschrift der Name und Wohnort des Druckers, Verlegers, Herausgebers oder Redakteurs nicht angegeben ist,

b) wenn in Zeiten der Kriegsgefahr Veröffentlichungen über Truppenbewegungen oder Verteidigungsmittel erfolgen,

c) wenn der Inhalt der Druckschrift den Tatbestand der §§ 85, 111, 130, 184 StGB. erfüllt, in den Fällen der §§ 111 und 130 jedoch nur dann, wenn dringende Gefahr besteht, daß bei Verzögerung der Beschlagnahme die Aufforderung oder Anreizung ein Verbrechen oder Vergehen unmittelbar zur Folge haben werde.

Unberührt bleibt natürlich das Recht der Polizei, einzelne Stücke zur Sicherung des Beweises zu beschlagnahmen. Vgl. hierüber unten Abschn. IV B 2.

Durch § 20 des Gesetzes zum Schutz der Republik vom 21. Juli 1922 (RGBl. I S. 185) ist die Beschlagnahme ferner für zulässig erklärt worden bei Zuwiderhandlung gegen die §§ 1 bis 8 des Gesetzes.

Vgl. ferner Gesetz gegen den Verrat militärischer Geheimnisse vom 3. Juni 1914 (RGBl. S. 195).

Die Beschlagnahme ist nur als repressive Maßnahme gegenüber vollendeten Rechtsbrüchen, nicht als Präventivmaßregel zulässig.

Hat die Polizeibehörde die Beschlagnahme ohne Anordnung der Staatsanwaltschaft verfügt, so hat sie die Verhandlungen an die letztere ohne Verzug und spätestens binnen 12 Stunden abzusenden (§ 24 Abs. III des Pressegesetzes). Da eine gerichtliche Wiederfreigabe polizeilich beschlagnahmter Druckschriften sowohl eine Einbuße an polizeilicher Autorität, wie eine sehr wirksame Reklame für die in Frage stehende Schrift bedeutet, ist bei der Beschlagnahme größte Vorsicht geboten. Zweckmäßiger wird vielfach sein, wenn nicht wirklich Gefahr im Verzug ist, den Ladenbesitzer zur freiwilligen Entfernung der Schrift aus dem Schaufenster usw. zu veranlassen und die Entscheidung dem Richter bzw. Staatsanwalt zu überlassen.

3. Vereins- und Versammlungspolizei.

Vereine. a) Art. 124 der Reichsverfassung stellt den Grundsatz auf, daß alle Deutschen das Recht haben, zu Zwecken, die den Strafgesetzen nicht zuwiderlaufen, Vereine oder Gesellschaften zu bilden. Dies Recht kann nicht durch Vorbeugungsmaßregeln beschränkt werden. Den Beamten ist die Vereinigungsfreiheit durch Art. 130 Abs. III noch besonders gewährleistet.

Nicht berührt wird hierdurch Art. 16 des bayerischen Beamtengesetzes vom 16. August 1908, wonach den Beamten die Teilnahme an einem Vereine untersagt ist, dessen Zwecke oder Bestrebungen den staatlichen oder dienstlichen Interessen zuwiderlaufen. Ferner bestehen für die Angehörigen der Wehrmacht Einschränkungen durch §§ 36 und 37 des Wehrgesetzes v. 23. März 1921 (RGBl. S. 337), wo Bestimmungen über die politische Betätigung der Soldaten und über die Zugehörigkeit zu nicht politischen Vereinen getroffen sind; ferner für die Landespolizeibeamten durch Art. 6 des Landespolizeibeamtengesetzes vom 26. August 1922 (GVBl. 427), wo die parteipolitische Betätigung beschränkt ist.

Über die Beteiligung von Schülern der Volksschulen und Berufsfortbildungsschulen an Vereinen vgl. ME. v. 30. Okt. 1924 (MABl. S. 139); über die Beteiligung von Schülern der höheren Unterrichtsanstalten und der Fachschulen an Vereinen enthalten die Schülersatzungen entsprechende Vorschriften; vgl. ferner ME. vom 3. Dez. 1923 (MABl. S. 159), ME. v. 3. Juli 1924 über die politische Betätigung der Schüler (MABl. S. 108) und Richtlinien für die Beteiligung an Vereinen zur Pflege der Leibesübungen (MABl. 1924 S. 142).

Bezüglich der Volksschullehrer vgl. Art. 120 des Volksschullehrergesetzes vom 14. August 1919, GVBl. S. 437.

Die wirtschaftliche Koalitionsfreiheit ist in Art. 159 der Reichsverfassung proklamiert. § 153 der Reichsgewerbeordnung wurde bereits durch Gesetz vom 22. Mai 1918 (RGBl. 423) aufgehoben. Vgl. hierzu MB. vom 12. Mai 1919 (GVBl. S. 224) und Bek. vom 2. Juni 1920 Nr. 10 a 23 über die Wahrung der Koalitionsfreiheit und Schutz gegen Terror und Boykott.

Auch Ausländer sind nicht gehindert, Vereine zu bilden; es können ihnen jedoch Beschränkungen auferlegt werden, die bei Deutschen nicht zulässig sind.

Die im Vereinsgesetz vom 19. April 1908 (RGBl. S. 151) in der Fassung der Gesetze vom 26. Juni 1916 (RGBl. S. 635) und v. 19. April 1917 (RGBl. S. 361) insbesondere den politischen Vereinen auferlegten Beschränkungen sind durch die erwähnten Verfassungsbestimmungen größtenteils gefallen. Ein dem Reichstag z. Zt. vorliegender Entwurf eines Gesetzes zur Änderung des Vereinsgesetzes (Drucksache Nr. 2279) soll auch die förmliche Übereinstimmung bringen. Unter „politischen Vereinen", die hiernach der Anzeigepflicht unterliegen, sind dabei solche Vereine zu verstehen, die eine Einwirkung auf politische Angelegenheiten bezwecken. Gewerkschaften sind im allgemeinen nicht als politische Vereine zu betrachten, wohl aber die Arbeiter-Sänger-, Arbeiter-Turner- und Arbeiter-Radfahrerbünde (Reger Bd. 35 S. 173.) Auch der Monistenbund ist als politischer Verein erachtet worden (Reger Bd. 36 S. 378).

Für nicht politische Vereine besteht eine Anzeigepflicht nicht.

Die Auflösung von Vereinen ist zulässig, wenn ihr Zweck oder ihre Tätigkeit den Strafgesetzen zuwiderläuft: § 2 des Vereinsgesetzes. Zuständig ist die Bezirksverwaltungsbehörde (Min.-Bek. vom 12. Mai 1908, GVBl. S. 291). Nach § 14 des Republikschutzgesetzes können ferner Vereine, in denen Erörterungen stattfinden, die den Tatbestand einer der in §§ 1—8 des Gesetzes bezeichneten strafbaren Handlungen bilden, oder die Bestrebungen dieser Art verfolgen, verboten und aufgelöst werden. Auf Grund des § 48 Abs. II der Reichsverfassung und der §§ 57 und 61 der bayer. Verfassungsurkunde sind ferner vorübergehende Einschränkungen der Vereinsfreiheit zulässig. Vgl. hierzu VO. vom 14. Februar 1925 (StAnz. Nr. 37), wonach Vereine oder Verbände, die heimlich Waffenvorräte ansammeln, bereithalten oder besitzen, verboten sind und von der Polizeibehörde aufgelöst werden können. Gleiche Befugnis steht der Polizeibehörde hinsichtlich solcher Vereine oder Verbände zu, deren Zweck nach ihrer Satzung oder dem tatsächlichen Verhalten ihrer Mitglieder darauf gerichtet ist, die Behörden bei Ausübung ihrer Amtstätigkeit zu behindern oder in den gesetzlichen Aufgabenkreis der Behörden unbefugt einzugreifen.

Über die Auflösung von Vereinigungen, die sich mit militärischen Dingen befassen: VO. v. 12. Februar 1926, RGBl. I S. 100.

Versammlungen. b) Nach Art. 123 der Reichsverfassung haben alle Deutschen das Recht, sich ohne Anmeldung oder besondere Erlaubnis friedlich und unbewaffnet zu versammeln. Versammlungen unter freiem Himmel können durch Reichsgesetz anmeldepflichtig gemacht und bei unmittelbarer Gefahr für die öffentliche Sicherheit, z. B. im Hinblick auf eine starke politische Spannung in der Bevölkerung oder die schwierige Wirtschaftslage verboten werden.

Die bloße Teilnahme an einer auf Grund des Art. 123 Abs. II RV. (wegen Gefahr für die öffentl. Sicherheit) verbotenen Versammlung ist straflos; die Polizeibehörde kann ein erlassenes Verbot nur durch unmittelbaren Zwang durchsetzen. (Vgl. Reger Entsch. Sammlung Bd. 42 S. 315). Anders dagegen nach der auf Grund des Art. 48 Abs. IV RV. erlassenen bayerischen VO. v. 14. Febr. 1925 § 5 (s. unten!).

Eine räumliche Einschränkung hat die Versammlungsfreiheit erfahren durch das Gesetz über die Befriedung der Reichs- und Landtagsgebäude vom 8. Mai 1920 (RGBl. S. 909), wonach innerhalb des Bannkreises Versammlungen unter freiem Himmel und Umzüge nicht stattfinden dürfen.

Durch das Vereinsgesetz v. 19. April 1908 in der nunmehr geltenden Fassung ist die Anzeigepflicht für Versammlungen unter freiem Himmel und für Aufzüge auf öffentlichen Straßen oder Plätzen festgesetzt worden; ausgenommen sind Leichenbegängnisse, kirchliche Umzüge und Züge der Hochzeitsgesellschaften.

Die Bezirkspolizeibehörde hat das Recht, in jede öffentliche Versammlung Beauftragte zu entsenden, die die Versammlung unter gewissen Voraussetzungen für aufgelöst erklären können.

Ferner sind durch § 1 Abs. II des Vereinsgesetzes auch die allgemeinen sicherheitspolizeilichen Bestimmungen des Landesrechtes aufrecht erhalten, soweit es sich um die Verhütung unmittelbarer Gefahr für Leben und Gesundheit der Teilnehmer an einer Versammlung handelt. Gemäß Art. 102 AGStPO. können also bei Versammlungen aus sicherheits-, bau-, feuer- oder gesundheitspolizeilichen Gründen Beschränkungen angeordnet oder Versammlungen überhaupt vorbeugend verboten werden z. B. wegen baulicher Mängel des Versammlungsraumes oder wegen der Gefahr der Entstehung einer Schlägerei.

Auf- und Umzüge. Das Mitführen roter Fahnen oder das Hervorkehren revolutionärer Abzeichen bei Umzügen kann geeignet sein, die politischen Gegensätze zu verschärfen und dadurch die öffentliche Ordnung zu stören; gemäß Art. 102 AGStPO. kann die Polizeibehörde daher u. U. ihre Mitführung verbieten. Die Untersagung bildet keine Einschränkung der Versammlungsfreiheit, sie richtet sich vielmehr nur gegen das ordnungswidrige Auftreten des einzelnen Versammlungsteilnehmers in der Öffentlichkeit. (Reger, Bd. 35 S. 168). Das Mitführen von Plakaten, Transparenten mit aufreizenden Aufschriften, von allegorischen oder symbolischen Darstellungen usw. verletzender Art ist u. U. auch als grober Unfug anzusehen, sofern nicht der Tatbestand etwa der §§ 110, 111, 130, 166, 185 StGB. erfüllt ist. Zu beachten ist dabei allerdings, daß „grober Unfug“ nicht schon dann vorliegt, wenn andere Teile der Bevölkerung in ihrer parteipolitischen Gesinnung verletzt werden, sondern nur dann, wenn die äußeren schutzbedürftigen Belange einer unbestimmten Personenzahl, die nach keiner Richtung einen in sich geschlossenen Kreis bildet, in Mitleidenschaft gezogen werden können. (Urt. Bay. ObstLG. v. 7. Mai 1926, Bay. VerwBl. Bd. 74 S. 443).

Der Begehung solcher strafbarer Handlungen muß nach Möglichkeit *vorgebeugt* werden. Hierzu empfiehlt es sich, *möglichst frühzeitig* und schon dann einzugreifen, wenn die Polizei von dem Plan einer Versammlung unter freiem Himmel oder eines Umzuges Kenntnis erhält. Sachgemäße Unterrichtung und Aufklärung der verantwortlichen Veranstalter schon während der Vorarbeiten und der warnende Hinweis, daß die *Mitführung von Plakaten*, Schildern und Darstellungen, deren Aufschriften oder Inhalt gegen die Strafgesetze verstoßen, nicht geduldet werde, wird in vielen Fällen ausreichen, um Störungen der öffentlichen Ordnung zu verhüten. Zweckmäßig wird eine weitere polizeiliche Nachschau auf den Sammelplätzen für die Veranstaltung erfolgen. Bei dieser Nachschau vorgefundene strafrechtswidrige Schilder usw. sind — soweit erforderlich — polizeilich sicherzustellen, um die Begehung strafbarer Handlungen zu verhindern. Sollten solche dennoch in einem Aufzuge herumgetragen oder bei einer öffentlichen Versammlung unter freiem Himmel ausgestellt werden, so sind sie wegzunehmen und demnächst zu beschlagnahmen. Wird bei der Wegnahme den Polizeibeamten Widerstand geleistet, so ist unter Umständen die Versammlung oder der Aufzug aufzulösen.

Nach § 14 des Gesetzes zum Schutze der Republik vom 21. Juli 1922 (RGBl. I S. 585) können ferner Versammlungen, Aufzüge und Kundgebungen verboten werden, wenn bestimmte Tatsachen vorliegen, die die Besorgnis rechtfertigen, daß in ihnen Erörterungen stattfinden, die den Tatbestand einer der in §§ 1—8 des Gesetzes bezeichneten strafbaren Handlungen bilden. Versammlungen, in denen Zuwiderhandlungen gegen die §§ 1—8 a. a. O. vorkommen und geduldet werden, können durch Beauftragte der Polizeibehörde aufgelöst werden. Zuständig zur Auflösung sind die Regierungen, Kammer des Innern bzw. Polizeidirektionen: VollzBek. vom 2. Sept. 1922 (StAnz. Nr. 204).

Bezüglich der Teilnahme von Militärpersonen, Schülern und Ausländern an Versammlungen gilt das unter a) hinsichtlich der Vereine Gesagte.

Gemäß Art. 48 der Reichsverfassung kann endlich die Versammlungsfreiheit vorübergehend beschränkt oder aufgehoben werden. Vgl. hierzu die zuletzt ergangene bayerische Verordnung vom 14. Februar 1925 (StAnz. Nr. 37), wonach Versammlungen und Aufzüge unter freiem Himmel, sowie sonstige Veranstaltungen von Vereinen oder Verbänden unter freiem Himmel der Erlaubnis bedürfen. Die Erlaubnis kann an Auflagen geknüpft werden. Ausgenommen sind gewöhnliche Leichenbegängnisse, Prozessionen, Veranstaltungen, die ausschließlich sportlichen Zwecken dienen und ähnliche Aufzüge. Die Teilnahme an unerlaubten Versammlungen, die Zuwiderhandlung gegen gemachte Auflagen usw. ist mit Strafe bedroht. Zwei Vollzugsbekanntmachungen vom 6. März 1925 (StAnz. Nr. 55) enthalten Bestimmungen über die Zuständigkeit und weitere Ausnahmen von der Erlaubnispflicht der Aufzüge.

Unter „Versammlung" im Sinne der vorhergehenden Ausführungen ist dabei nicht schon jedes Zusammensein einer Anzahl von Menschen, sondern nur das Zusammenkommen zum Zweck der Erörterung und Beratung von Angelegenheiten zu verstehen; es gehören also nicht hierher Unternehmungen, bei denen Unterhaltung und Belehrung der Teilnehmer den Hauptzweck bilden. (Reger Bd. 35 S. 165).

Der Versammlungsschutz wird gewährleistet durch § 107 a StGB. in der Fassung des Gesetzes vom 23. Mai 1923 (RGBl. I S. 296):

> Wer nicht verbotene Versammlungen, Aufzüge oder Kundgebungen mit Gewalt oder durch Bedrohung mit einem Verbrechen verhindert oder sprengt, wird mit Gefängnis, neben dem auf Geldstrafe erkannt werden kann, bestraft. Wer in nicht verbotenen Versammlungen oder bei nicht verbotenen Aufzügen oder Kundgebungen Gewalttätigkeiten in der Absicht begeht, die Versammlung, den Aufzug oder die Kundgebung zu sprengen, wird mit Gefängnis und mit Geldstrafe oder mit einer dieser Strafen bestraft.

4. Vergnügungspolizei.

a) Öffentliche Lustbarkeiten, Vorträge, Schau- und Vorstellungen.

aa) Von den Vergnügungsgewerben bedürfen — soweit sie stehende Gewerbe sind — nur die Schauspielunternehmungen, die Singspielhallen und die Schaustellungen von Personen (Akrobatische Vorstellungen, Riesendamen usw.) einer behördlichen Erlaubnis. Die übrigen in Frage kommenden Gewerbetriebe sind freigegeben.

Schauspielunternehmungen. Bezüglich der Schauspielunternehmer bestimmt § 32 der Reichsgewerbeordnung, daß sie der persönlichen Erlaubnis bedürfen, gleichgültig ob dem Unternehmen ein höherer Kunstwert innewohnt oder nicht. Die Erteilung der Erlaubnis ist nach der noch geltenden Bek. vom 3. August 1917 (RGBl. S. 681) von dem Nachweis eines Bedürfnisses abhängig zu machen. Auch die Vorstellungen von Dilettantenvereinen fallen hierunter, falls sie in gewerbsmäßiger Weise veranstaltet werden. Zur Erteilung der Erlaubnis sind nach § 11 der VollzVO. vom 29. März 1892 die Bezirksverwaltungsbehörden zuständig. Die Erlaubnis erstreckt sich nach herrschender Praxis — vorbehaltlich des § 55 Ziffer 4 mit 60 Abs. II Reichsgewerbeordnung — auf das ganze Reichsgebiet. Unternehmungen, die ohne die erforderliche Erlaubnis begonnen werden, können unabhängig von der Strafverfolgung eingestellt werden.

Singspielhallen, Kleinkunstbühnen. Schaustellungen von Personen. Nach § 33 a Reichsgewerbeordnung und § 13 der Vollzugsverordnung vom 29. März 1892 bedarf ferner der Lokalitäteninhaber, der in seinen Räumen gewerbsmäßig Singspiele, Gesangs- und deklamatorische Vorträge, Schaustellungen von Personen (dazu gehört auch die Vorführung von Tänzen bei Tanztees: Reger Bd. 42 S. 11) oder theatralische Vorstellungen (nicht auch Instrumentalmusik), ohne daß ein höheres Interesse der Kunst oder Wissenschaft dabei obwaltet, öffentlich veranstalten will, der Erlaubnis der Bezirksverwaltungsbehörde. Wird ein Betrieb ohne diese Erlaubnis begonnen, so kann auch hier unabhängig von der Strafverfolgung polizeiliche Schließung erfolgen: § 15 Abs. II RGO.

Wanderdarbietungen. bb) Bezüglich der im Umherziehen betriebenen Vergnügungsgewerbe bestimmt § 33 b Reichsgewerbeordnung mit § 14 der Vollzugsverordnung vom 29. März 1892, daß die gewerbsmäßige Darbietung von Musikaufführungen, Schaustellungen, theatralischen Vorstellungen oder sonstigen Lustbarkeiten, bei denen ein höheres Interesse der Kunst oder Wissenschaft nicht obwaltet, von Haus zu Haus (auch in verschiedenen Wirtschaften) oder auf öffentlichen Wegen, Straßen und Plätzen der vorgängigen Erlaubnis der Ortspolizeibehörde bedarf; deren Ermessen ist dabei in keiner Weise beschränkt. Wer für eigene Rechnung in Wirtshäusern Musikaufführungen gewerbsmäßig darbietet, ohne daß ein ständiger Wechsel des Lokals stattfindet (Kaffeehausmusiker) oder wer die Aufführungen gewerbsmäßig zwar in täglich wechselnden Lokalen, aber auf Grund vorgängiger Bestellung veranstaltet, bedarf keiner Erlaubnis. Eine Erlaubnispflicht für den Schankwirt, der in seinem Lokale gewerbsmäßig Instrumentalmusik veranstaltet, besteht nicht.

Sollen die Darbietungen außerhalb des Gemeindebezirkes des Wohnortes ohne Begründung einer gewerblichen Niederlassung erfolgen, so ist der Besitz eines Wandergewerbescheines erforderlich: § 55 Ziffer IV RGO. Außerdem fordert

§ 60a RGO. die vorgängige Erlaubnis der Ortspolizeibehörde, wenn die Darbietungen von Haus zu Haus oder auf öffentlichen Wegen, Straßen, Plätzen oder an einem anderen öffentlichen Ort, z. B. in Wirtschaften, erfolgen sollen.

Schauspielunternehmungen, bei denen ein höheres Kunstinteresse obwaltet, bedürfen keines Wandergewerbescheines.

Nicht gewerbsmäßige Lustbarkeiten, Schau- u. Vorstellungen. cc) Für die nichtgewerbsmäßige Veranstaltung öffentlicher Lustbarkeiten, Schau- und Vorstellungen ist Art. 32 PolStGB. mit § 15 der Zuständigkeitsverordnung vom 4. Jan. 1872 maßgebend; hiernach ist die Erlaubnis der Ortspolizeibehörde einzuholen. Die Erlaubnis kann von Bedingungen abhängig gemacht werden, was z. B. bei der Veranstaltung von Feuerwerken oder Scheibenschießen vielfach der Fall sein wird. Über die Erlaubnispflicht von Fußball-, Hockey- und ähnlichen Wettspielen: Bay. Verw. Bl. Bd. 73 S. 93 und Reger Bd. 44 S. 137.

Nach Art. 32 Abs. II PolStGB. können derartige Unternehmungen von der Polizeibehörde unabhängig von der Strafverfolgung jederzeit eingestellt werden.

Gemäß Art. 34 PolStGB. kann ferner für die Beendigung von musikalischen Aufführungen, Kegelspielen oder sonstigen geräuschvollen Unterhaltungen, die im Innern von Ortschaften in Wirts- oder Privatgärten oder in sonstigen nicht geschlossenen Räumen abgehalten werden, durch ortspolizeiliche Vorschrift eine von der allgemeinen Polizeistunde abweichende frühere Nachtstunde festgesetzt werden. Die Polizeibehörden sind berechtigt, Zuwiderhandlungen unabhängig von der Strafverfolgung sofort abzustellen.

Wegen der Veranstaltung von Nachtmusiken und Maskeraden vgl. Art. 36 PolStGB. und Oberpolizeiliche Vorschriften vom 17. Dez. 1921 über das Verbot von Maskenumzügen und Maskentreiben auf öffentlichen Straßen und Plätzen (GVBl. S. 595). Weitere Vorschriften zur Fernhaltung des Faschingstreibens von öffentlichen Straßen und Plätzen (z. B. Verbot des Auffammelns von Papierschlangen, der Belästigung des Publikums mit Britschen, Flüssigkeiten usw.) sind nach § 366 Ziff. 10 StGB. zulässig.

Tanzlustbarkeiten. dd) Die Bestimmungen über die Veranstaltung von Tanzlustbarkeiten hat § 33c RGO. der Landesgesetzgebung überlassen. Einschlägig ist hier die Verordnung vom 31. Okt. 1921

(GVBl. S. 541) und die MB. vom 11. Nov. 1921 (MA. S. 198). (§§ 3 und 11 der VO. sind geändert durch VO. vom 10. Aug. 1925, GVBl. S. 233, § 6 Abs. I durch VO. vom 30. Nov. 1926, GVBl. S. 531, § 5 Abs. II durch VO. vom 9. Februar 1927, GVBl. S. 79; von der VollzBek. wurde Abs. II Ziff. IV, 2 geändert durch ME. vom 30. Dez. 1926, MABl. 1927 S. 5).

Hiernach ist zur Abhaltung öffentlicher Tanzlustbarkeiten die Erlaubnis der Bezirkspolizeibehörde erforderlich. Für die Erntezeit, ferner aus Gründen der öffentlichen Sicherheit, insbesondere zur Bekämpfung von Seuchen kann die Veranstaltung von Tanzvergnügungen durch die Regierungen, Kammern des Innern, für bestimmte Bezirke untersagt werden; gänzlich verboten sind sie während der sogenannten geschlossenen Zeit. Geschlossene Tanzlustbarkeiten sind anmeldepflichtig; doch ist auch hiefür außer der Gebühr für die Bescheinigung der Anmeldung die besondere Abgabe zur Armenkasse zu entrichten (Art. 158 Abs. II des Kostengesetzes und § 4 der VO. über Tanzlustbarkeiten).

Wegen der Erteilung von Tanzunterricht vgl. §§ 35, 40, 54 RGO.

Lichtspiele. ee) Eine besondere Regelung ist hinsichtlich des Lichtspielwesens erfolgt durch das Lichtspielgesetz vom 12. Mai 1920 (RGBl. S. 953) — § 4 in der Fassung des Ges. vom 23. Dez. 1922, RGBl. 1923 I S. 26 —. Hiernach dürfen Filme öffentlich nur vorgeführt werden, wenn sie von den amtlichen Prüfungsstellen zugelassen sind. Der öffentlichen Vorführung sind Vorführungen in Klubs, Vereinen oder anderen geschlossenen Gesellschaften gleichgestellt. Die hierzu erlassene Ausführungsverordnung vom 16. Juni 1920 (RGBl. S. 1213) bestimmt, daß Bildstreifen über Tagesereignisse und Bildstreifen, die lediglich Landschaften darstellen, von der Ortspolizeibehörde für ihren Bezirk zugelassen werden können. Der Zulassung bedarf es nicht, wenn die Bildstreifen zu ausschließlich wissenschaftlichen Zwecken an öffentlichen Bildungsanstalten zur Vorführung gelangen. Bildstreifen, zu deren Vorführung Jugendliche unter 18 Jahren Zutritt haben sollen, bedürfen besonderer Genehmigung.

Die Überwachung der Lichtspielunternehmungen ist Sache der Ortspolizeibehörden. Bei Zuwiderhandlungen gegen die bestehenden Vorschriften ist unabhängig von der Strafverfolgung Einstellung der Vorführungen und Einziehung der Bildstreifen zulässig. Außerdem kann bei wiederholten Verfehlungen der Betrieb überhaupt geschlossen werden.

Vgl. hierzu die Min.-Bekanntmachung vom 7. Aug. 1920 betreffend Vollzug des Lichtspielgesetzes (Min.-Amtsblatt S. 277), die Bekanntmachung vom 26. März 1922 (Min.-Amtsblatt S. 104) und die Min.-Entschließung vom 9. Nov. 1920 Nr. 2146 a 181 über den Ausschluß Jugendlicher von Lichtspielen. Ferner Bay.-GemVZ. 1925 S. 185.

Wegen der Prüfung von Lichtspielvorführern vgl. die Verordnung vom 14. April 1924 (GVBl. S. 142) und die hierzu ergangenen Vollz.-Bek. vom 14. April 1924 (MABl. S. 62) — §§ 4, 7, 15 geändert durch Bek. vom 9. Aug. 1926, MABl. S. 75 — und 6. März 1925 (StAnz. Nr. 56). Über die Bildwerferprüfstelle: MB. vom 20. April 1926, StAnz. Nr. 102.

Über die Beschäftigung von Kindern bei öffentlichen und nichtöffentlichen Lichtspielaufnahmen vgl. Gesetz vom 31. Juli 1925, (RGBl. I S. 162) und Vollzugsanweisung vom 6. Sept. 1926, (GVBl. S. 495). Filmaufnahmen staatlicher oder unter staatlicher Verwaltung stehender Gebäude und Anlagen dürfen nur mit Genehmigung des zuständigen Ministeriums ausgeführt werden: MB. vom 6. Okt. 1926 (GVBl. S. 500).

Über die Anlage und Einrichtung der Lichtspieltheater und über den Bildwerferraum enthält die bayer. VO. vom 20. April 1926 (GVBl. S. 299) eingehende Vorschriften; wegen der Wander-, nicht gewerbsmäßigen Vereinslichtspiele, sowie der Schullichtspiele insbesondere vgl. §§ 71 ff. a. a. O.

Über Zensur der Filmreklame: BayGemVZ. 1926 S. 622.

Auflagen. ff) Den Veranstaltern aller öffentlichen Lustbarkeiten, Schau- und Vorstellungen können — auch soweit gewerbepolizeiliche Erlaubnis nicht vorgeschrieben ist — gemäß Art. 32 PolStGB. Bedingungen bezüglich der Art und Weise der Ausübung des Unternehmens auferlegt werden. Für die Einhaltung der Bedingungen kann durch Sicherheitsleistung gesorgt werden. Auch kann auf Grund dieser Bestimmung die Erlaubnis von der Leistung eines Beitrages an eine Wohlfahrtseinrichtung abhängig gemacht werden. Vgl. ME. vom 28. Februar 1917 über Wohlfahrtspflege während des Krieges (MABl. 1917 Kriegsbeilage S. 190).

Außerdem sind bei den Darbietungen auch die allgemeinen sicherheits-, bau-, feuer-, gesundheits- und sittenpolizeilichen Vorschriften zu beachten. Bei Zuwiderhandlungen kann der Betrieb polizeilich eingestellt werden.

Die vom sanitätspolizeilichen Standpunkt aus nicht wünschenswerte Abhaltung öffentlicher hypnotischer Experimentalvorträge kann, wenn es sich um ein stehendes Gewerbe handelt und ein Verbot nicht schon gemäß Art. 102 AGStPO. wegen Gefährdung der öffentlichen Ordnung zulässig erscheint, nicht ohne weiteres verboten werden. Bei gewerbsmäßigem Betrieb im Umherziehen ist dagegen die Verweigerung der Ausstellung oder Ausdehnung des Wandergewerbescheines nach § 57 Ziff. 5 und § 60 Abs. II RGO. oder die Verweigerung der ortspolizeilichen Erlaubnis nach § 60a möglich. Liegt Gewerbebetrieb im Umherziehen nicht vor, so kann nur die Ausführung von Experimenten durch Anwendung des Art. 32 Ziff. 1 PolStGB. (mit § 15 der Zuständigkeitsverordnung vom 4. Jan. 1872) unterbunden werden. Vgl. hierüber die Min.-Entschließungen vom 15. Nov. 1893 (Weber, Bd. XXII S. 311) und vom 18. Nov. 1920 Nr. 5216 e 6.

Nach Art. 118 Abs. II RV. sind ferner zum Schutze der Jugend bei öffentlichen Schaustellungen und Darbietungen gesetzliche Maßnahmen zulässig. Der Entwurf eines Gesetzes, wonach für bestimmte Lustbarkeiten der Besuch oder die Beschäftigung von Minderjährigen unter 18 Jahren verboten oder eingeschränkt werden kann, liegt z. Zt. dem Reichstage vor. (Drucksache Nr. 972).

Zensur. Eine Vergnügungs- insbesondere Theaterzensur ist nach Art. 118 Abs. II der Reichsverfassung nicht mehr zulässig. Art. 102 Abs. I des bayerischen AG. zur StPO. verpflichtet aber die Polizeibehörde, durch Aufsicht und Anstalten den Übertretungen der Strafgesetze möglichst zuvorzukommen; auch sind die Polizeibehörden nach Art. 20 PolStGB. zu vorläufigem Einschreiten befugt. Es wird also die Polizei nicht nur in Fällen einer strafbaren Handlung (z. B. öffentliche Aufforderung zum Ungehorsam gegen die Gesetze, Anreizung zum Klassenhaß, Vergehen wider die Sittlichkeit oder die Religion), sondern auch wenn eine bevorstehende Aufführung aus besonderen Gründen Unruhen, Ausschreitungen und dergl. befürchten läßt, Anlaß zum Einschreiten haben. Die zu treffenden Maßnahmen können verschiedener Natur sein, doch können es nicht Zensurmaßnahmen sein. Vgl. ME. vom 27. Jan. 1921 Nr. 2153 b 6. Das preuß. Oberverwaltungsgericht hat zudem ausgeführt, daß sich Art. 118 RV. nur auf die Vorzensur bezieht und daß daneben der Polizei gegenüber öffentlichen Theateraufführungen noch ein weites Feld nur im Theater selbst erfüllbarer Aufgaben verbleibt. Die Polizeibehörde kann daher nach wie vor die Bereitstellung angemessener Dienstplätze in den Theatern beanspruchen (Reger Bd. 42 S. 353).

Durch die ME. vom 3. Jan. 1879 (MABl. S. 29) sind die Bezirks- und Ortspolizeibehörden angewiesen, für die Fernhaltung und eventuelle Einstellung von Schaustellungen und Produktionen, die gegen Anstand und gute Sitte verstoßen, Sorge zu tragen.

Über Sonntagsruhe im Vergnügungsgewerbe: § 105 i RGO.

Nach Art. II § 1 des Notgesetzes vom 24. Febr. 1923 (RGBl. S. 147) kann die oberste Landesbehörde ferner in Zeiten einer außerordentlichen politischen oder wirtschaftlichen Not oder Gefahr Vorschriften über Einschränkungen von Vergnügungen erlassen.

b) Lotterien, Ausspielungen und sonstige Glückspiele.

Lotterien, Ausspielungen, Verlosungen.

aa) Nach § 286 StGB. ist die Veranstaltung öffentlicher Lotterien und öffentlicher Ausspielungen beweglicher und unbeweglicher Sachen nur mit obrigkeitlicher Erlaubnis zulässig. Als Ausspielung ist auch die Ausschreibung von Preisrätseln zu betrachten, wenn der Lösende nicht nur die Lösung des Rätsels einzusenden, sondern außerdem einen Einsatz in Geld zu leisten hat, z. B. Rückporto, Schreibgebühr; ebenso ist das sog. Schneeballsystem verboten, wodurch das Publikum veranlaßt wird, dem Geschäft eine bestimmte Anzahl von Kunden, die entsprechende Einzahlungen zu leisten haben, zuzuführen, um den in Frage kommenden Gegenstand zu erhalten. Jeder dieser neuen Kunden hat die gleiche Aufgabe. Ferner ist eine Ausspielung im Sinne des § 286 des Strafgesetzbuchs zu erblicken in den Ankündigungen, wonach der soundsovielste Käufer einen bestimmten Gegenstand erhalten soll.

Über die Zuständigkeit zur Erteilung der Erlaubnis trifft die bayerische Verordnung vom 10. Juli 1867 (RBl. S. 809) nähere Bestimmungen. Richtlinien für die Bewilligung von Lotterien, Ausspielungen und Verlosungen sind in der Min.-Entsch. vom 25. Juli 1878 (MABl. S. 263) getroffen. Das Spielen in einer in Bayern nicht zugelassenen Lotterie, der gewerbsmäßige Handel mit Losen einer nicht zugelassenen Lotterie, die Ausbeutung Spiellustiger in Spielgesellschaften, der Verkauf von Losen gegen Teilzahlung usw. ist nach dem Lotteriespielgesetz vom 11. Okt. 1912 (GVBl. S. 983) verboten.

Über die Besteuerung der Lotterien und Ausspielungen vgl. Rennwett- und Lotteriegesetz vom 8. April 1922 (RGBl. I S. 393).

Über die Pflicht zur Anzeige des Handels und die Untersagung des Handels mit Losen vgl. die §§ 35, 54 RGO. und § 17 der Vollzugsbekanntmachung vom 29. März 1892 (GVBl. S. 61).

Über das Verbot des Hausierhandels mit Losen: § 56 Abs. II Ziff. 5 und § 56a Ziff. 2 RGO.

Das Feilbieten von Waren im Umherziehen in der Art, daß dieselben versteigert oder im Wege des Glückspiels oder der Ausspielung (Lotterie) abgesetzt werden, ist nicht gestattet. Ausnahmen dürfen von der Regierung, Kammer des Innern, oder vom Staatsministerium des Innern zugelassen werden, hinsichtlich der Wanderversteigerungen jedoch nur bei Waren, welche dem raschen Verderben ausgesetzt sind: § 56c RGO., Verordnung vom 10. Juli 1867 (RBl. S. 809).

Totalisator. bb) Das Unternehmen eines Totalisators bei öffentl. Pferderennen und die Ausübung des Buchmachergewerbes bedarf nach dem Rennwett- und Lotteriegesetz vom 8. April 1922 (RGBl. I S. 393) der Erlaubnis. Vgl. hierzu bayerische Vollzugsbekanntmachung vom 2. Sept. 1922 (GVBl. S. 542).

Glückspiele. cc) Das Glückspielgesetz v. 23. Dez. 1919 (RGBl. S. 2145) hat die öffentliche Veranstaltung von Glückspielen ohne behördliche Erlaubnis, sowie die Beteiligung an solchen unter Strafe gestellt. Als „öffentlich veranstaltet“ gelten dabei auch Glückspiele in Vereinen oder geschlossenen Gesellschaften, in denen Glückspiele gewohnheitsmäßig veranstaltet werden.

Nach der Bek. vom 27. Juli 1920 zur Ausführung des Glückspielgesetzes (RGBl. S. 1482) darf die Erlaubnis zum öffentlichen Glückspiel nur für Jahrmärkte, Schützenfeste, sowie ähnliche unter freiem Himmel stattfindende Veranstaltungen von vorübergehender Dauer und nur unter der Bedingung erteilt werden, daß der Spieleinsatz nicht mehr als 1 Mark beträgt und dem Spielunternehmer kein höherer Verdienst als 10 % der Spieleinsätze zufließt. Die Erteilung der Spielerlaubnis kann im Einzelfalle von weiteren Bedingungen abhängig gemacht werden. Zuständig zur Erteilung der Spielerlaubnis sind nach der Bekanntmachung vom 11. Aug. 1920 (StAnz. Nr. 193) die Regierungen, Kammern des Innern. Mit Bekanntmachung vom 30. Nov. 1920 Nr. 2131 a 21 hat das Staatsministerium des Innern besondere Richtlinien zum Vollzuge des Glückspielgesetzes erlassen.

Wirten, die verbotene Glückspiele dulden, kann die Erlaubnis zum Wirtschaftsbetrieb entzogen werden: §§ 33 Abs. II Ziffer 1, 53, 54 RGO.

Nach § 285 a StGB. in der Fassung vom 23. Dez. 1919 (RGBl. S. 2145) ist bei Verurteilungen wegen Veranstaltung öffentlicher Glückspiele ohne Erlaubnis Überweisung an die Landespolizeibehörde und damit bei Inländern die Einschaffung ins Arbeitshaus, bei Ausländern die Ausweisung aus dem Reichsgebiet zulässig.

Vgl. ferner Art. 10 des Zigeuner- und Arbeitsscheuengesetzes vom 16. Juli 1926, GVBl. S. 359.

Gaukelei. dd) Wahrsagen, Kartenschlagen, Traumdeuten und ähnliche G a u k e l e i e n gegen Lohn oder zum Zwecke der Erreichung eines sonstigen Vorteils werden nach Art. 54 PolStGB. bestraft.

Vgl. hiezu Urteil des bayer. ObstLG. vom 8. September 1925, BayVerwBl. Bd. 73 S. 346.

c) Wirtschaften und Polizeistunde.

Wirtschaften. aa) Gemäß § 33 RGO. (in der Fassung des Notgesetzes vom 24. Febr. 1923, RGBl. I S. 147) bedarf, wer Gastwirtschaft, Schankwirtschaft oder Kleinhandel mit Branntwein oder Spiritus betreiben will, der Erlaubnis. Die Erlaubnis darf nur erteilt werden, wenn ein Bedürfnis nachgewiesen ist und keiner der im Gesetze angeführten Versagungsgründe vorliegt.

Wegen der Zurücknahme der Erlaubnis vgl. §§ 53, 54 RGO.; als Förderung der Völlerei, die hiernach zur Zurücknahme der Erlaubnis führen kann, ist auch wiederholte Polizeistundenübertretung anzusehen: Reger Bd. 40 S. 26. Wegen der Untersagung des Kleinhandels mit Bier: § 35 Abs. IV RGO.

Nach Art. I § 3 des Notgesetzes vom 24. Febr. 1923 (RGBl. I S. 147) kann die Fortsetzung des Betriebes einer Gast- oder Schankwirtschaft und des Kleinhandels mit Branntwein oder Spiritus durch unmittelbaren oder mittelbaren Zwang polizeilich verhindert werden, wenn der Betrieb ohne Erlaubnis begonnen oder die Erlaubnis erloschen oder endgültig zurückgenommen ist. Erhellt aus Handlungen oder Unterlassungen des Inhabers einer

Gast- oder Schankwirtschaft oder eines Branntwein- oder Spiritusskleinhändlers, daß er die zum Betriebe seines Gewerbes erforderliche Zuverlässigkeit nicht besitzt, so kann die zuständige Behörde den Betrieb vorläufig schließen.

Gemäß § 5 a. a. O. ist das Verabfolgen oder Ausschänken von Branntwein und das Verabfolgen branntweinhaltiger Genußmittel im Betriebe einer Schankwirtschaft oder im Kleinhandel an Personen, die das 18. Lebensjahr noch nicht vollendet haben, sowie das Verabfolgen oder Ausschänken anderer geistiger Getränke und das Verabfolgen nikotinhaltiger Tabakwaren im Betriebe einer Gast- oder Schankwirtschaft oder im Kleinhandel an Personen, die das 16. Lebensjahr noch nicht vollendet haben, zu eigenem Genuß in Abwesenheit des zu ihrer Erziehung Berechtigten oder seines Vertreters verboten. Ferner ist das Verabfolgen oder Ausschänken geistiger Getränke an Betrunkene untersagt. Wegen der Entfernung Betrunkener aus Wirtschaften vgl. Art. 55 PolStGB.

Über das Verbot des Verkaufes von Absinth: Gesetz vom 27. April 1923 (RGBl. I S. 257).

Über den Wirtshausbesuch der unter Polizeiaufsicht stehenden Personen: § 39 Ziffer 1 StGB., Art. 31 PolStGB.

Über den Wirtshausbesuch Schulpflichtiger: Art. 56 PolStGB. Für die Zöglinge höherer Bildungsanstalten sind die einschlägigen Disziplinarvorschriften maßgebend.

Während des Pfarrgottesdienstes ist lärmendes Zechen usw. in Wirtschaften nach § 4 der Verordnung vom 21. Mai 1897, die Feier der Sonn- und Festtage betreffend, verboten.

Über Sonntagsruhe im Wirtschaftsgewerbe: § 105 i RGO.

Über die Zulässigkeit von polizeilichen Anordnungen bezüglich der Dauer, des Beginnes und Endes der zulässigen täglichen Arbeitszeit in Wirtschaftsbetrieben vgl. § 120 f RGO. in der Fassung des Ges. vom 27. Dez. 1911 (RGBl. 1912 S. 141) und Ziff. I, 2 der bayer. VO. vom 27. März 1912 (GVBl. S. 141).

Über die Zulassung, Beschäftigung und Entlohnung weiblicher Angestellter in Gast- und Schankwirtschaften vgl. Gesetz vom 15. Januar 1920 (RGBl. S. 69) und VO. vom 15. Dezember 1921 (GVBl. S. 592). Hiernach ist insbesondere Einstellung weiblicher Bedienung unter 16 Jahren verboten; auch enthält die Verordnung Vorschriften zur Bekämpfung der Animierkneipen.

4*

Über das Feilbieten geistiger Getränke im Umherziehen vgl. §§ 56 Abs. II Ziffer 1, 56a Ziffer 3, 60 Abs. I RGO. und Vollzugsbekanntmachung vom 7. Febr. 1898 § 6 (MABl. S. 77).

Über das Feilbieten geistiger Getränke innerhalb des Gemeindebezirkes des Wohnortes von Haus zu Haus oder auf öffentlichen Wegen, Straßen, Plätzen oder anderen öffentlichen Orten: § 42a RGO. und § 30 der Bek. vom 7. Febr. 1898 (MABl. S. 77).

Über das Feilbieten auf Jahrmärkten: § 67 Abs. II RGO. und §§ 31, 32 der Vollzugsverordnung vom 29. März 1892 (MABl. S. 61).

Polizeistunde. bb) Nach Art. I § 2 des Notgesetzes vom 24. Febr. 1923 (RGBl. S. 147) hat die Oberste Landesbehörde Bestimmungen über die Festsetzung und Handhabung der Polizeistunde in Gast- und Schankwirtschaften zu erlassen. Für Bayern ist maßgebend die VO. vom 29. Aug. 1921 (GVBl. S. 408) und die Bek. vom 30. Aug. 1921 (GVBl. S. 409). Hiernach ist die Polizeistunde allgemein auf 11 Uhr abends festgesetzt, doch kann sie durch ortspolizeiliche Vorschrift bis 12 Uhr, an Samstagen bis 1 Uhr verlängert werden. Außerdem kann sie auch bei besonderen Anlässen an anderen Tagen durch die Ortspolizeibehörde bis 1 Uhr, durch die Bezirkspolizeibehörde bis 2 Uhr ausgedehnt werden. Durch Bek. vom 11. Juni 1924 (StAnz. Nr. 134) wurde ferner bestimmt, daß in Gemeinden, in denen die Bedürfnisse des Fremdenverkehrs es erfordern, die allgemeine Polizeistunde durch ortspolizeiliche Vorschrift (Art. 6 PolStGB.) an allen Tagen der Woche auf 1 Uhr morgens ausgedehnt werden kann. Für Wirtschaften, deren Betrieb wiederholt in bezug auf Ruhe, Ordnung, Sicherheit oder Sittlichkeit zu polizeilichen Beanstandungen Anlaß gegeben hat, kann durch die Bezirkspolizeibehörde auch eine frühere Polizeistunde festgesetzt werden.

Die Vorschriften über die Polizeistunde gelten auch für Tanzlustbarkeiten. Über die Polizeistunde für Faschingsunterhaltungen: ME. vom 30. Okt. 1926, StAnz. Nr. 254.

Von der Einhaltung der Polizeistunde sind Vereine und geschlossene Gesellschaften befreit, wenn sie einen besonderen mit öffentlichen Wirtschaftsräumen nicht verbundenen Gesellschaftsraum besitzen.

Übertretungen der Polizeistunde werden nach § 365 StGB. bestraft. Die nach Eintritt der Polizeistunde im Wirtshause Betroffenen können nach Art. 20 Abs. I PolStGB. zur Verhinderung der Fortsetzung der Übertretung zwangsweise aus dem Wirtshaus entfernt werden.

Logiergäste in Gasthöfen, in denen auch ein Schankwirtschaftsbetrieb stattfindet, sowie unentgeltlich bewirtete Gäste werden durch § 365 StGB. nicht betroffen: Reger Bd. 37 S. 79 und BayVerwBl. Bd. 73 S. 318.

Über die sich für den Wirt aus dem Eintritt der Polizeistunde ergebenden Verpflichtungen vgl. Urteil des Bayer. ObstLG. vom 28. Mai 1923, BayVerwBl. Bd. 73 S. 317.

5. Fremden- und Bettelpolizei.

a) Paß- und Meldewesen.

Paßzwang. aa) Nach dem Gesetz vom 12. Okt. 1867 über das Paßwesen (Weber Bd. VII S. 99) besteht weder für Reichsangehörige noch für Ausländer irgendwelcher Paßzwang. Nach § 9 des Gesetzes in der Fassung des Art. IV des Notgesetzes vom 24. Febr. 1923 (RGBl. I S. 149) kann Paß- und Sichtvermerkszwang aber vorübergehend eingeführt werden, wenn die Sicherheit des Reiches oder eines Landes oder die öffentliche Ordnung durch außergewöhnliche Ereignisse bedroht erscheint. Die hierzu ergangene Verordnung vom 10. Juni 1919 (RGBl. S. 516) bestimmt, daß, wer das Reichsgebiet verläßt oder wer aus dem Auslande in das Reichsgebiet eintritt, verpflichtet ist, sich durch einen Paß über seine Person auszuweisen. Nach § 2 a. a. O. ist ferner jeder Ausländer, der sich im Reichsgebiet aufhält, verpflichtet, sich durch einen Paß über seine Person auszuweisen. Für besondere Fälle kann der Reichsminister des Innern auch andere amtliche Papiere (Paßersatz) als genügenden Ausweis für den Grenzübertritt oder den Aufenthalt im Reichsgebiet zulassen. Gemäß § 4 können die Landesbehörden des weiteren für den kleinen Grenzverkehr sowie zum Verkehr auf bestimmten Wasserstraßen gewissen Arten von Personen den Grenzübertritt mit anderen Ausweisen gestatten oder Befreiung von dem Erfordernis des Sichtvermerkes gewähren. Die Bekanntmachung zur Ausführung der Paßordnung vom 4. Juni 1924 (RGBl. I S. 613), geändert durch Bek. vom 22. Dez. 1924 (RGBl. I. S. 964), enthält Anordnungen über Form und Inhalt der Pässe und des Sichtvermerkes, über die

Voraussetzungen für die Ausstellung der Pässe und des Sichtvermerkes, sowie über das zu beobachtende Verfahren. § 40 dieser Bekanntmachung bestimmt insbesondere, daß jede nichtdeutsche Person über 15 Jahre zum Grenzübertritt außer dem Paß oder Paßersatz eines Sichtvermerkes bedarf, der im Paß oder Paßersatz anzubringen ist. Reichsangehörige bedürfen zum Grenzübertritt keines Sichtvermerkes (§ 41). § 52 enthält die Aufzählung der Gründe, aus denen der Sichtvermerk zu versagen ist. § 71 enthält Bestimmungen über den kleinen Grenzverkehr, §§ 74 ff. über den Grenzübertritt. § 122 trifft Bestimmungen über die aus dem Auslande einwandernden ausländischen Landarbeiter.

Vgl. hiezu bayer. Ergänzungsbestimmungen vom 18. Juni 1924 in der Fassung der ME. vom 29. Dez. 1924 (StAnz. Nr. 301), 11. März 1925 (StAnz. Nr. 59) und 15. April 1926 (StAnz. Nr. 86); ferner die ME. vom 30. Juni 1926 (StAnz. Nr. 148) über die Geltungsdauer der Pässe und Familienpässe.

Über die Paß- und Sichtvermerksgebühren vgl. Ges. vom 5. Nov. 1923 (RGBl. I S. 1077), VO. vom 27. Juni 1924 (RGBl. I S. 657) und ME. vom 3. Sept. 1924 (StAnz. Nr. 205).

Der Sichtvermerkzwang ist neuerdings im Verkehr mit Österreich, Holland, mit der Schweiz, mit Amerika, Jugoslawien, Dänemark, Portugal und einigen anderen Staaten wieder aufgehoben.

Strafbestimmungen für Zuwiderhandlungen gegen die Paßvorschriften sind in der Verordnung vom 6. April 1923 (RGBl. I S. 249) getroffen; Fälschung und Mißbrauch von Pässen wird nach §§ 263, 268 oder 363 StGB. bestraft.

Meldepflicht. bb) Die nach Art. 111 der Reichsverfassung allen Deutschen gewährte Freizügigkeit ist insoferne gewissen Beschränkungen unterworfen, als landesgesetzliche Vorschriften über die Anmeldung der Neuanziehenden vorbehalten bleiben (§ 10 des Freizügigkeitsgesetzes vom 1. Nov. 1867). Art. 2 des bayerischen Aufenthaltsgesetzes vom 21. Aug. 1914 (GVBl. 1915 S. 590) bestimmt demzufolge, daß jeder, der in einer Gemeinde Wohnsitz oder nicht nur vorübergehend Aufenthalt nimmt oder diesen Wohnsitz oder Aufenthalt aufgibt, binnen einer Woche der Ortspolizeibehörde Anzeige zu erstatten hat. Durch ober- oder ortspolizeiliche Vorschriften können weitere Einzelheiten bestimmt werden.

Vgl. hierzu MBek. vom 5. Okt. 1915 (MABl. S. 273).

Über die Anmeldepflicht von Zigeunern und Landfahrern vgl. Art. 7 des Zigeunergesetzes vom 16. Juli 1926 (GVBl. S. 359).

über Fremdenanzeigen der Gastwirte und Herbergsgeber: Art. 46 PolStGB. Falsche Angaben bei den Fremdenanzeigen werden nach Art. 47 PolStGB. und § 360 Ziff. 8 StGB. bestraft.

Nach Art. 3 Ziff. 1 des Aufenthaltsgesetzes sind die Polizeibehörden ferner befugt, von Fremden jederzeit Aufschluß über ihre Zuständigkeit zu verlangen. Die hierunter fallenden Fremdenkontrollen in Gasthöfen oder Eisenbahnzügen unterliegen nicht den Vorschriften der Strafprozeßordnung über Durchsuchungen.

Über die Beherbergung von Landstreichern, Bettlern oder sicherheitsgefährlichen Personen: Art. 48 PolStGB.

Über die Anzeige der Aufnahme und Entlassung von Handwerkspersonen vgl. Art. 49, von Dienstboten: Art. 107 PolStGB.

Über die Anzeige des Ein- und Auszuges von Mietern: Art. 50 PolStGB.

Ausländer. A u s l ä n d e r haben kein verfassungsmäßig geschütztes Aufenthaltsrecht, nach Art. 1 Abs. II des Aufenthaltsgesetzes vom 21. Aug. 1914 (GVBl. 1915 S. 589) ist ihnen vielmehr der Aufenthalt in Bayern „gestattet", wenn sie sich über ihre Staatsangehörigkeit und Heimat genügend ausweisen und ihrem Aufenthalt ein sonstiges gesetzliches Hindernis nicht im Wege steht. Nach Art. 3 Ziff. 1 des Aufenthaltsgesetzes kann ihnen, wenn sie nicht binnen 4 Wochen nach ergangener Aufforderung genügende Nachweise über ihre Heimatberechtigung liefern, der Aufenthalt für solange versagt werden, als jener Nachweis nicht geliefert wird. Vgl. hierzu Ziff. 22 der ME. vom 28. Dez. 1899, den Vollzug des Gesetzes über Heimat, Verehelichung und Aufenthalt betreffend (MABl. S. 803).

Die Duldung der Ausländer hat unter dem Ausnahmezustand eine Beschränkung erfahren durch die bayerische Verordnung über Zuzug und Aufenthalt vom 19. April 1924 (GVBl. S. 143), wonach Ausländer und Staatenlose nur mit schriftlicher Genehmigung der für den Aufenthaltsort zuständigen Bezirkspolizeibehörde an einem Orte in Bayern für länger als 6 Monate Aufenthalt nehmen oder gegen Entgelt in Dienst oder Arbeit treten dürfen. Zuwiderhandelnde können mit Gefängnis, Haft oder Geldstrafe bestraft und zwangsweise abgeschoben werden. Das Staatsministerium des Innern kann Ausnahmen von diesen Bestimmungen bewilligen.

Bezüglich der a u s l ä n d i s c h e n A r b e i t e r trifft die auf Grund des § 26 des Arbeitsnachweisgesetzes vom 22. Juli 1922 ergangene Verordnung des Präsidenten der Reichsarbeitsverwaltung über die Einstellung und Beschäftigung ausländischer Arbeiter vom 2. Jan. 1923 in der Fassung der Bek. vom 2. Jan. 1926 (RGBl. S. 5) und die hierzu ergangene bayer. Vollzugsbekanntmachung vom 17. Okt. 1925 (StAnz. Nr. 245) noch Sonderbestimmungen. Hiernach dürfen ausländische Arbeiter (auch Dienstboten, nicht aber Angestellte) im allgemeinen nur in Arbeitsstellen eingestellt und beschäftigt werden, für die das Landesamt für Arbeitsvermittlung die Beschäftigung ausländischer Arbeiter genehmigt hat. Gewisse ausländische Arbeiter sind nach § 2 der Verordnung ausgenommen, doch bedürfen diese eines von der Bezirkspolizeibehörde des Beschäftigungsortes ausgestellten Befreiungsscheines. Gemäß § 3 a. a. O. dürfen ferner ausländische Arbeiter, die aus dem Ausland neu zureisen, in eine freigegebene Arbeitsstelle nur eingestellt werden, wenn sie sich im Besitze eines in einem Grenzamt der deutschen Arbeiterzentrale ausgestellten, auf die Arbeitsstelle lautenden Reiseausweises oder eines mit einem Einreisesichtvermerk versehenen Passes befinden. Daneben bedürfen sie einer Legitimationskarte der deutschen Arbeiterzentrale (§ 4), sowie der schriftlichen Aufenthaltsgenehmigung der für den Beschäftigungsort zuständigen Bezirkspolizeibehörde nach Maßgabe der oben erwähnten Ausnahmeverordnung vom 19. April 1924. Ausländische Arbeiter, die aus anderen deutschen Ländern zuziehen oder innerhalb Bayerns ihren Wohnort wechseln, bedürfen eines Passes oder Paßersatzes (z. B. einer Legitimationskarte der deutschen Arbeiterzentrale) und der schriftlichen Aufenthaltsgenehmigung nach Maßgabe der Verordnung vom 19. April 1924. Für sogenannte Grenzläufer genügen die jeweils für den kleinen Grenzverkehr vorgeschriebenen Ausweise. Besondere Bestimmungen sind in der VO. über die Beschäftigung ausländischer Arbeiter in der Landwirtschaft und im Gewerbebetrieb im Umherziehen getroffen.

Über das Genehmigungsverfahren, insbesondere die Verbindung des Verfahrens nach dieser Verordnung mit dem Verfahren vor den Polizeibehörden nach Maßgabe der Verordnung vom 19. April 1924 enthält die erwähnte Bekanntmachung vom 17. Okt. 1925 (StAnz. Nr. 245) nähere Bestimmungen.

Über den unmittelbaren Schriftverkehr mit den österreichischen Behörden in fremdenpolizeilichen Angelegenheiten: MBek. vom 7. März 1925 (MABl. S. 42).

b) Unerlaubtes Sammeln, Landstreicher- und Bettlerwesen.

Sammlungen. aa) Sammlungen von Geld oder sonstigen Beiträgen oder von Unterschriften hierzu sind gemäß Art. 52 Pol.-StGB. nur mit polizeilicher Bewilligung zulässig. Eine Ausnahme besteht nur für Sammlungen bei Gelegenheit einer geselligen Zusammenkunft oder in einem Vereine oder im Kreis von Personen, mit welchen der Veranstalter der Sammlung in geselliger, geschäftlicher, freundschaftlicher oder verwandtschaftlicher Beziehung steht, ferner für Aufrufe in der Presse zu Gaben für wohltätige Zwecke mit dem Erbieten zur Empfangnahme (Art. 53 a. a. O.). Die Sammeltätigkeit in geschlossenen Vereinen bedarf also keiner Genehmigung, wohl aber sind nach der Bundesratsverordnung vom 15. Febr. 1917 (RGBl. S. 143) alle öffentlichen Sammlungen von Geld oder Gegenständen zugunsten der Wohlfahrtspflege, für vaterländische, gemeinnützige oder wohltätige Zwecke, gleichgültig in welcher Form sie vorgenommen werden, also insbesondere auch Aufrufe in der Presse, von der behördlichen Genehmigung abhängig. Die nämliche Erlaubnis ist erforderlich, wenn für jene Zwecke eine öffentliche Unterhaltung oder Belehrung, ein öffentlicher Vertrieb von Gegenständen oder eine öffentliche Werbung von Mitgliedern oder Mitunternehmern veranstaltet wird. Eine Sammlung usw. ist dann öffentlich, wenn sie sich nicht auf einen von vornherein begrenzten, durch berufliche oder persönliche Beziehungen näher bestimmten Personenkreis beschränkt. Vgl. ME. vom 28. Febr. 1917 über Wohlfahrtspflege während des Krieges (MABl. 1917, Kriegsbeilage S. 190) und MBek. vom 16. Jan. 1924 (StAnz. Nr. 15).

Über die Zuständigkeit zur Erteilung der Bewilligung vgl. VO. vom 20. Sept. 1862 (RBl. S. 2269).

Nach der Bundesratsverordnung vom 15. Febr. 1917 (RGBl. S. 143) bedürfen Sammlungen im Auslande der Genehmigung des Staatsministeriums des Innern; vgl. hierzu Bek. vom 20. Sept. 1923 (StAnz. Nr. 219).

Die öffentliche Aufforderung durch die Presse zur Aufbringung der wegen einer strafbaren Handlung erkannten Geldstrafen und Kosten ist nach § 16 des Reichspreßgesetzes vom 7. Mai 1874 verboten.

Bezüglich der Brandsammlungen vgl. die Min.-Entschließungen vom 19. März 1867 (Weber Bd. VI S. 765) und 30. Juli 1869 (Weber Bd. VIII S. 240).

Bettler. bb) Bettel und Landstreicherei sind nach § 361 Ziff. 3 und 4 StGB. strafbar.

Bettel ist das Ansprechen eines Fremden um unentgeltliche Verabreichung einer milden Gabe zum Lebensunterhalt, sofern dieses Vorgehen nicht aus besonderen Gründen den Regeln des Verkehrs entspricht. Letzteres ist z. B. der Fall bei den ortsüblichen Meistergeschenken an ansprechende Gesellen. Eine vereinzelte, z. B. schriftliche Bitte um Unterstützung bei augenblicklichen Notständen ist nicht als Bettel zu betrachten. Die unerlaubte Veranstaltung von Sammlungen zum eigenen Vorteile ist ebenfalls als Bettel zu bestrafen; ebenso kann als Bettel auch ein Anbieten geringwertiger Waren (Ansichtskarten, Streichhölzer) zum Kauf erachtet werden: Reger Bd. 37 S. 387.

Landstreicher. Landstreicher ist, wer zweck-, geschäfts- und arbeitslos von Ort zu Ort zieht, ohne sich darüber ausweisen zu können, daß er die Mittel zum redlichen Unterhalt besitze oder eine Gelegenheit zum Erwerbe desselben aufsuche. Vgl. Reger Bd. 23 S. 143.

Die Verordnung vom 28. Nov. 1816 (Weber Bd. I S. 495) ist für die polizeiliche Behandlung der Bettler und Landstreicher teilweise noch anwendbar. Insbesondere gilt Art. 28, wonach keine Polizeibehörde Bettler und Landstreicher, deren Heimat unbekannt ist, in andere Bezirke fortweisen oder weiterschaffen darf. Sie sind vielmehr solange in Gewahrsam zu behalten, bis ihre Zuständigkeit geklärt ist; die Verpflegung Verhafteter oder in der Lieferung begriffener Bettler und Landstreicher wird nach Art. 29 auf das Staatsärar übernommen.

Über polizeiliche Detention mittel- und legitimationsloser Personen vgl. ME. vom 11. Okt. 1863 (Weber Bd. VI S. 244); wegen der Handhabung der Sicherheitspolizei in bezug auf Bettler und Landstreicher: ME. vom 13. März 1882 (MABl. S. 52).

Arbeitshaus. Nach § 362 StGB. ist bei Verurteilung wegen Landstreicherei Überweisung an die Landespolizeibehörde zulässig, bei Verurteilung wegen Bettels dann, wenn der Verurteilte in den letzten drei Jahren wegen dieser Übertretung mehrmals rechtskräftig verurteilt worden ist oder wenn er unter Drohungen oder mit Waffen gebettelt hat. Durch die Überweisung erhält die Landespolizeibehörde die Befugnis, die verurteilte Person bis zu zwei Jahren in ein Arbeitshaus unterzubringen oder zu gemeinnützigen Arbeiten zu verwenden. Ist gegen einen Ausländer auf Überweisung an die Landespolizeibehörde erkannt, so kann neben oder an Stelle der Unterbringung Verweisung aus dem Reichsgebiet eintreten. Vgl. hierzu ME. vom 28. März 1891, die Festsetzung und Vollziehung der korrektionellen Nachhaft betreffend (MABl. S. 119), geändert durch MBek. vom 5. April 1901 (MABl. S. 169) bezüglich des Erlasses der korrektionellen Nachhaft unter der Bedingung des freiwilligen Aufenthaltes auf einer bayerischen Arbeiterkolonie.

Unabhängig von der Überweisung durch die Strafgerichte steht den Bezirkspolizeibehörden gemäß Art. 9, 10 des Zigeuner- und Arbeitsscheuengesetzes vom 16. Juli 1926, GVBl. S. 359, die Befugnis zu, Zigeuner und Landfahrer im Alter von mehr als 16 Jahren, die den Nachweis einer geregelten Arbeit nicht zu erbringen vermögen, aus Gründen der öffentlichen Sicherheit bis zur Dauer von zwei Jahren in einer Arbeitsanstalt unterzubringen. Das gleiche gilt für Arbeitsscheue im Alter von mehr als 16 Jahren, wenn sie zu einer Zuchthausstrafe oder wegen Raubes, Erpressung, Diebstahls, Betrugs, Hehlerei, Päderastie, Kuppelei, Zuhälterei, Gewerbsunzucht, gewerbsmäßigen Glückspieles, Landstreicherei, Arbeitsscheu oder Bettels zu einer Freiheitsstrafe verurteilt worden sind.

Über die Einweisung Jugendlicher in Erziehungs- und Besserungsanstalten vgl. § 56 StGB. und MBek. vom 31. Dez. 1871 (Weber Bd. IX S. 244).

Für männliche Arbeitshausgefangene ist das Arbeitshaus Rebdorf, für weibliche das Arbeitshaus St. Georgen-Bayreuth bestimmt.

Zigeuner. Über die Bekämpfung des Zigeunerwesens insbesondere vgl. außer dem mehrfach erwähnten Gesetz vom 16. Juli 1926, GVBl. S. 359, die ME. zur Ausführung des Zigeuner- und Arbeitsscheuengesetzes vom 16. Juli 1926, GVBl. S. 361 ff. Zur Bekämpfung der Zigeunerplage sind ferner ergangen die ME. vom 11. April 1885 (MABl. S. 101: Verhinderung des Grenzübertrittes, Detention, Kostentragung), dann die ME. vom 5. Okt. 1889 (MABl. S. 289: Behandlung der Legitimationspapiere) und die ME. vom 28. März 1899 (MABl. S. 111: Nachrichtendienst bei der Polizeidirektion München).

Vgl. ferner Gend.-Dienstvorschrift § 56.

6. Verkehrspolizei.

Unterhaltung der Verkehrswege. a) Ein geregelter Straßenverkehr hat zur Voraussetzung, daß die Straßen ordnungsmäßig unterhalten und gegen Beschädigung geschützt werden. Art. 89 PolStGB. trifft daher zunächst Bestimmungen über das Reiten, Fahren, Viehtreiben und Weiden in den Gräben und auf den Böschungen öffentlicher Straßen; ferner verbietet § 370 Ziff. 1 und 2 StGB. das Abgraben oder Abpflügen von Wegen und die Wegnahme von Erde, Steinen oder Rasen von diesen.

Des weiteren sind einschlägig die §§ 305, 321, 325 und 326 StGB. Gemäß Art. 90 PolStGB. können sodann ober-, bezirks- oder ortspolizeiliche Vorschriften über die Sicherstellung der öffentlichen Straßen, Wege, Plätze, Brücken und Stege gegen Beschädigung erlassen werden.

In dem noch geltenden § 1 der MBek. vom 4. Jan. 1872, die Sicherheit und Bequemlichkeit auf öffentlichen Wegen, Straßen und Plätzen betr. (RBl. S. 73) ist das Reiten oder Fahren auf Holz- oder Eisenbrücken anders als im Schritt verboten. Ferner sind nach dem gleichfalls noch geltenden § 6 dieser Bekanntmachung die hiezu Verpflichteten gehalten, Wege, Brücken und Stege, welche dem öffentlichen Verkehr gewidmet sind, sowie die zur Verhütung von Unglücksfällen erforderlichen Geländer und sonstigen Sicherungsmittel in sicherem Zustand zu erhalten. Ist der Verpflichtete eine juristische Person, z. B. eine Gemeinde, so trifft die strafrechtliche Verantwortung den gesetzlichen Vertreter. § 7 der Bekanntmachung trifft Bestimmungen über die Sperrung von Straßen oder Wegstrecken. (Bezüglich des Kraftfahrzeugverkehrs vgl. § 23 der VO. vom 15. März 1923 in der Fassung der VO. vom 5. Dez. 1925, RGBl. I S. 436.)

Gemäß Art. 121 Ziff. 5 PolStGB. können auch orts- und bezirkspolizeiliche Vorschriften zum Schutz der Feldwege erlassen werden.

Über die Verwahrung und Verdeckung von Brunnen, Kellern, Gruben usw.: § 367 Ziff. 12 StGB.

Über die Entfernung und Unbrauchbarmachung von Sperrungs- und Warnungszeichen, Straßenlaternen usw.: Art. 87 PolStGB.

Verkehrshindernisse. Das Stehenlassen oder Führen von Tieren an Orten, wo sie durch Ausreißen, Schlagen oder auf andere Weise Schaden anrichten können, ist nach § 366 Ziff. 5 StGB. mit

Strafe bedroht. Das gleiche gilt nach Ziff. 8 a. a. O. für das Aufstellen, Aufhängen, Ausgießen oder Auswerfen von Sachen nach Orten, wo Menschen zu verkehren pflegen, auf eine Weise, daß dadurch jemand beschädigt oder verunreinigt werden kann. Nach Ziff. 9 ist endlich das Aufstellen, Hinlegen oder Liegenlassen von Gegenständen auf öffentlichen Straßen oder Plätzen, durch welche der freie Verkehr gehindert wird, verboten. Vgl. hiezu auch § 31 der oberpolizeil. Vorschriften vom 8. Mai 1926 über den allgemeinen Verkehr auf öffentlichen Wegen (GVBl. S. 315).

Nach Art. 92, 138 Abs. III und V Gemeindeordnung haben die Ortspolizeibehörden die augenblicklichen Vorkehrungen gegen Gefahren für Leben und Eigentum zu treffen, namentlich ihr Augenmerk auf die öffentlichen Wege zu richten und die entsprechenden Maßregeln zu treffen oder zu veranlassen. Diese polizeiliche Fürsorgetätigkeit bezweckt insbesondere auch den Schutz jedermanns, der auf die Benützung der öffentlichen Wege, Straßen und Plätze angewiesen ist; sie begründet daher auch die Amtspflicht, für die Sicherheit des Verkehrs gegenüber Gefährdungen durch Jugendspiele, durch Rodeln, aber auch durch schadhaftes Pflaster, mangelhafte Beleuchtung, Glatteis Sorge zu tragen (vgl. Reger, Bd. 31 S. 149, Bd. 37 S. 375, Bd. 42 S. 373 und 375, 4. Ergänzungsband S. 357). Soweit die Beseitigung von Schnee und Eis auf Ortsstraßen durch polizeiliche Vorschrift nach § 366 Ziff. 10 StGB. den Straßenangrenzern auferlegt ist, hat die Ortspolizeibehörde auf die Unterhaltspflichtigen entsprechend einzuwirken und für den Vollzug der Vorschrift zu sorgen. Zur Erhaltung der Fahrbarkeit der Gemeindewege und Bezirksstraßen (auch zur Beseitigung von Schnee) können nach Art. 29 Pol.-StGB., Art. 49 bis 54 Gemeindeordnung Gemeindedienste angeordnet werden.

Verkehrsregelung. b) Nach § 366 Ziff. 10 StGB., Art. 2 Ziff. 6 PolStGB. sind ober-, bezirks- und ortspolizeiliche Vorschriften zur Erhaltung der Sicherheit, Bequemlichkeit und Ruhe des Verkehrs zulässig; auch *Rahmenvorschriften*, wonach allen verkehrspolizeilichen Anordnungen der Vollzugsbeamten Folge zu leisten ist, können auf Grund dieser Gesetzesbestimmung erlassen werden.

In erster Linie ist hier einschlägig die Straßenverkehrsordnung vom 8. Mai 1926 (GVBl. S. 315).

Ferner ist hier zu erwähnen die Bestimmung in § 42 b Abs. V RGO., wonach Kindern unter 14 Jahren das Feilbieten von Gegenständen auf öffentlichen Wegen, Straßen, Plätzen oder an öffentlichen Orten oder ohne vorgängige Bestellung von Haus zu Haus verboten ist. An Orten, wo ein derartiges Feilbieten durch Kinder herkömmlich ist, darf die Ortspolizeibehörde ein solches für bestimmte Zeitabschnitte, jedoch für nicht mehr als vier Wochen innerhalb eines Kalenderjahres gestatten.

Bei Volksfesten und anderen außergewöhnlichen Ansammlungen größerer Menschenmassen können ferner gemäß Art. 44 PolStGB. durch ober- oder bezirkspolizeiliche Vorschrift, in dringenden Fällen auch durch Verfügung der Bezirks- oder Ortspolizeibehörde, besondere Anordnungen zur Aufrechterhaltung der öffentlichen Ruhe, Ordnung und Sicherheit erlassen werden.

Gemäß § 37 Reichsgewerbeordnung und Art. 152 PolStGB. können endlich im Wege der ortspolizeilichen Vorschrift Dienstmänner- und Droschkenordnungen sowie Bestimmungen über Eilbotenanstalten erlassen werden.

Fuhrwerk-, Radfahr- und Reitverkehr. c) Bezüglich des Fuhrwerk-, Radfahr- und Reitverkehrs im besonderen enthalten die Ziffern 2—4 des § 366 StGB. zunächst Verbote des Schnellfahrens und Reitens in Städten und Dörfern, des mutwilligen Verhinderns des Vorbeifahrens und des Fahrens mit Schlitten ohne feste Deichsel oder ohne Geläute oder Schelle. Ferner sind in Abschn. B bis D der oberpolizeilichen Vorschriften vom 8. Mai 1926 — Straßenverkehrsordnung — (GVBl. S. 315) eingehende Bestimmungen über die Beschaffenheit der Fahrzeuge, über die Pflichten des Führers, Radfahrers und Reiters, sowie über die Benützung öffentlicher Wege getroffen.

Kraftfahrzeugverkehr. d) Der Kraftfahrzeugverkehr ist geregelt im Gesetz vom 3. Mai 1909 in der Fassung des Gesetzes vom 21. Juli 1923 (RGBl. I S. 743) und in der hierzu ergangenen Verordnung über den Kraftfahrzeugverkehr vom 15. März 1923 in der Fassung der VO. vom 5. Dez. 1925 (RGBl. I S. 439) und vom 28. Juli 1926 (RGBl. I S. 425). Die Verordnung enthält Bestimmungen über die Beschaffenheit, Ausrüstung und Zulassung des Kraftfahrzeuges zum Verkehr, über die Zulassung und die Pflichten des Führers, die Benützung öffentlicher Wege und Plätze, das Mitführen von Anhängern und die Untersagung des

Betriebes. Eine Anlage enthält eine Anweisung über die Prüfung der Führer von Kraftfahrzeugen.

An Ausführungsvorschriften sind hierzu ergangen die Bek. über Kraftfahrzeugverkehr vom 5. Dez. 1925 (Reichsministerialblatt S. 1387) mit folgenden Anlagen:

a) Anweisung über die Prüfung von Kraftfahrzeugen,
b) Plan für die Kennzeichnung der Kraftfahrzeuge,
c) Anweisung für die Beurteilung der Wirkung von Scheinwerfern — diese geändert durch Bek. vom 25. Dez. 1926 (ReichsministBlatt 1927 S. 1) —,
d) Anforderungen an die Sachverständigen für die Prüfung von Kraftfahrzeugen und Kraftfahrzeugführern,
e) Gebührenordnung für die Prüfung von Kraftfahrzeugen, Kraftfahrzeugführern, Fahrlehrern, Lehrwagen und Lehrmitteln.

Ferner die MBek. vom 18. Mai 1923 zum Vollzug der VO. vom 15. März 1923 über den Kraftfahrzeugverkehr (MABl. S. 33), Bek. vom 29. Dez. 1925 (MABl. 1926 S. 1) und 11. Aug. 1926 (MABl. S. 76) und Bek. über Kraftfahrzeugscheinwerfer vom 13. Sept. 1923 (MABl. S. 71).

Über die Ausbildung von Kraftfahrzeugführern vgl. VO. vom 1. März 1921 in der Fassung der VO. vom 21. Okt. 1923 (RGBl. I S. 988) mit bayer. Vollzugsbek. vom 20. April 1921 (MABl. S. 77), in Ziff. 1 abgeändert durch Bek. vom 16. Okt. 1924 (MABl. S. 135).

Über die amtsärztliche Untersuchung der Kraftwagenführer: MBek. vom 5. März 1921 (MABl. S. 37).

Über K r a f t f a h r l i n i e n vgl. Gesetz vom 26. Aug. 1925 (RGBl. I S. 319) und bayerische VO. vom 12. Febr. 1924 (GVBl. S. 28), sowie MB. vom 2. Febr. 1927 (MABl. S. 9). Hiernach wird die Genehmigung zum Betriebe der Kraftfahrzeuglinien von den Regierungen, Kammern des Innern, erteilt.

Vgl. ferner die oberpolizeilichen Vorschriften vom 8. Mai 1926 (GVBl. S. 315) über den allgemeinen Verkehr auf öffentlichen Wegen und die ME. vom 19. Aug. 1924 über die Bekämpfung der Auswüchse im Kraftfahrverkehr (MABl. S. 120).

Über die Aufstellung von Warnungstafeln für den Kraftfahrzeugverkehr: VO. vom 25. April 1925 (RGBl. I S. 51) und ME. vom 7. Dez. 1925 (StAnz. Nr. 284).

Über den internationalen Verkehr mit Kraftfahrzeugen: VO. vom 21. April 1910 in der Fassung der VO. vom 5. Dez. 1925 (RGBl. I S. 453).

Über Gebühren für behördliche Maßnahmen im Kraftfahrzeugverkehr: Gebührenordnung vom 5. Dez. 1925 (Reichsministerialblatt S. 1419).

Zulassungspflichtig sind nach der VO. vom 15. März 1923 (RGBl. I S. 175) auch alle auf öffentlichen Wegen und Plätzen verkehrenden Zugmaschinen bis zu 9 Tonnen Gesamtgewicht, insbesondere Dampfstraßenlokomotiven, Straßenwalzen, dann selbstfahrende Arbeits- und Werkzeugmaschinen, z. B. Motorpflüge, Motorsägen. Vgl. im übrigen über den Verkehr mit Straßenlokomotiven und schweren Vorspann-Maschinen: oberpolizeiliche Vorschrift vom 7. Mai 1902 (GVBl. S. 173).

Über die Befreiung von den Vorschriften über die Kennzeichen und den Führerschein vgl. § 33 a der VO. vom 15. März 1923 in der Fassung der VO. vom 5. Dez. 1925 (RGBl. I S. 436).

Wasserverkehr. e) Über den Wasserverkehr enthalten Vorschriften die Ziffern 3, 8 und 9 des § 366 StGB. Gemäß § 366 Ziff. 10 a. a. O. und Art. 2 Ziff. 6 PolStGB. können ferner zur Erhaltung der Sicherheit, Bequemlichkeit und Ruhe auf den öffentlichen Wasserstraßen ober-, bezirks- und ortspolizeiliche Vorschriften erlassen werden.

Wegen der Schiff- und Floßfahrt auf öffentlichen Flüssen und staatlichen Kanälen und auf Seen, die im Staatseigentum stehen, vgl. Art. 29 und 30 des Wassergesetzes vom 23. März 1907, ferner § 7 der VollzVO. vom 1. Dez. 1907 zum Wassergesetz (GVBl. S. 873). Hiernach werden die Schiffahrts-, Floß- und Kanalordnungen im Wege oberpolizeilicher Vorschriften erlassen.

Vgl. hierzu VO. vom 12. April 1924 über das Befahren der im Staatseigentum stehenden Seen mit Dampfschiffen oder mit sonstigen durch eigene Triebkraft bewegten Schiffen (GVBl. S. 142), ferner die provisorische Schiffahrts- und Floßordnung für die Donau innerhalb des bayer. Staatsgebietes vom 1. Jan. 1901 (GVBl. S. 13), die Schiffahrtspolizeiordnung für den kanalisierten Main vom 3. April 1925 (RGBl. II S. 123) und die — noch nicht in Kraft getretene — Donauschiffahrtspolizeiordnung vom 2. Okt. 1925 (RGBl. II S. 953).

Luftverkehr. f) Über den Luftverkehr vgl. Luftverkehrsgesetz vom 1. Aug. 1922 (RGBl. S. 681) und VO. vom 11. Sept. 1924 über Landungsaufforderung für Luftfahrzeuge (RGBl. S. 706). Die Polizei ist hiernach berechtigt, den Weiterflug solcher Luftfahrzeuge, die der Aufforderung zum Landen nicht Folge leisten, zwangsweise zu verhindern.

Zu beachten sind ferner die über den Luftverkehr abgeschlossenen Staatsverträge, z. B. mit Österreich (RGBl. 1925 II S. 855), mit Schweden (RGBl. 1925 II S. 858), mit Frankreich (RGBl. 1926 II S. 741), mit Belgien (RGBl. 1926 II S. 747), dann die VO. vom 13. Juli 1926 über Luftfahrzeugbau, über führerlose Flugzeuge und über Flugzeuge mit den technischen Merkmalen neuzeitlicher Jagdflugzeuge, über die Beschränkung der Flugausbildung und über Listenführung in der Luftfahrt (RGBl. I S. 463 ff.).

Über Schauflüge vgl. MBek. vom 2. Okt. 1911 (MABl. S. 649).

Über die Gebühren für die Prüfung von Luftfahrern: VO. vom 4. Juli 1925 (GVBl. S. 163).

7. Sittenpolizei.

Dirnenaufsicht. a) Nach § 361 Ziff. 6 und 6a StGB. in der Fassung des Gesetzes zur Bekämpfung der Geschlechtskrankheiten vom 18. Febr. 1927 (RGBl. I S. 61) wird mit Haft bestraft

1. wer öffentlich in einer Sitte oder Anstand verletzenden oder andere belästigenden Weise zur Unzucht auffordert oder sich dazu anbietet,

2. wer gewohnheitsmäßig zum Zwecke des Erwerbes in der Nähe von Kirchen oder in der Nähe von Schulen oder anderen zum Besuche durch Kinder oder Jugendliche bestimmten Örtlichkeiten oder in einer Wohnung, in der Kinder oder jugendliche Personen zwischen 3 und 18 Jahren wohnen, oder in einer Gemeinde mit weniger als 15000 Einwohnern, für welche die oberste Landesbehörde zum Schutze der Jugend oder des öffentlichen Anstandes eine entsprechende Anordnung getroffen hat, der Unzucht nachgeht.

Ausführungsvorschriften werden von der obersten Landesbehörde erlassen, doch sind nach § 17 des Gesetzes vom 18. Febr. 1927 (RGBl. I S. 61) Wohnungsbeschränkungen auf bestimmte Straßen oder Häuserblocks zum Zwecke der Ausübung der gewerbsmäßigen Unzucht (Kasernierungen) verboten. Vorläufig sind Richtlinien für die sittenpolizeiliche Dirnenaufsicht in der Ministerialentschließung vom 13. Juli 1876 (Weber Bd. XI S. 572) gegeben.

Über die amtsärztliche Untersuchung der Dirnen: ME. vom 29. Dez. 1908 Nr. 34012; über die zwangsweise Behandlung Geschlechtskranker: § 4 des Gesetzes zur Bekämpfung der Geschlechtskrankheiten vom 18. Febr. 1927 (RGBl. I S. 61). Über die Strafbarkeit des Beischlafes geschlechtskranker Personen vgl. § 5 a. a. O.

Die nach § 361 Ziff. 6 und 6a StGB. Verurteilten können im Strafurteil zugleich der Landespolizeibehörde überwiesen und, soweit sie Inländer sind, in ein Arbeitshaus oder in eine Besserungs- oder Erziehungsanstalt oder in ein Asyl eingeschafft, soweit sie Ausländer sind, ausgewiesen werden: § 362 StGB., MBek. vom 28. März 1891 (MABl. S. 119) und 5. April 1901 (MABl. S. 197).

Die Höchstdauer der Einweisung ins Arbeitshaus beträgt 2 Jahre; zuständig sind die Bezirkspolizeibehörden. Die Einlieferung hat in das Arbeitshaus St. Georgen-Bayreuth zu erfolgen: MBek. vom 28. März 1907, MABl. S. 194.

Ausländische Lohndirnen können nach Art. 3 Ziff. 2 des Aufenthaltsgesetzes vom 21. Aug. 1914 (GVBl. 1915 S. 589) ferner auf die Dauer von 2 Jahren aus dem Gemeindebezirk, nach Art. 8 Abs. I, wenn es im öffentlichen Interesse geboten erscheint, auch aus dem Lande ausgewiesen werden.

Nach Art. 10 des Zigeuner- und Arbeitsscheuengesetzes vom 16. Juli 1926 (GVBl. S. 359) können ferner Arbeitsscheue im Alter von mehr als 16 Jahren, die den Nachweis einer geregelten Arbeit oder ernstlicher Bemühung um Arbeit nicht zu erbringen vermögen und die wegen Gewerbsunzucht verurteilt sind, aus Gründen der öffentlichen Sicherheit auch ohne vorherige Überweisung durch die Gerichte in einer Arbeitsanstalt untergebracht werden.

Konkubinat. b) Nach Art. 50a PolStGB. ist in Bayern das Konkubinat verboten.

Geeignet, öffentliches Ärgernis zu erregen, ist dabei das Zusammenleben, sofern es nicht nur zur Kenntnis einzelner Personen gelangt, sondern gemeinkundig wird, so daß ein unbestimmter Personenkreis daran Ärgernis nehmen kann.

Vgl. hierzu ME. vom 3. Febr. 1883, den Vollzug des Art. 50a betreffend (Weber Bd. XVI S. 113).

Personen, die im Konkubinat leben, sind polizeilich zu trennen.

Kuppler und Zuhälter. c) Bei Verurteilung wegen Kuppelei und Zuhälterei (§§ 180, 181, 181a StGB.) kann auf Zulässigkeit der Polizeiaufsicht, bei Zuhälterei außerdem auf Überweisung an die Landespolizeibehörde erkannt werden.

Wegen der Polizeiaufsicht vgl. §§ 38, 39 StGB. und MBek. vom 13. Aug. 1908 (GVBl. S. 561), wegen der Ausweisung ausländischer Zuhälter: Art. 3 Ziff. 7 des Aufenthaltsgesetzes vom 21. Aug. 1914 (GVBl. 1915 S. 589).

Bezüglich der Unterbringung arbeitsscheuer Kuppler und Zuhälter in einer Arbeitsanstalt nach dem Ges. vom 16. Juli 1926 (GVBl. S. 359) gilt das unter a) für Lohndirnen Gesagte.

Wegen der Polizeiaufsicht vgl. im übrigen oben Abschn. IV A 1 f bb.

Nach Art. 3 Ziff. 5 des Aufenthaltsgesetzes können ferner Personen, welche wegen Zuwiderhandlung gegen die Sittlichkeit zu einer Freiheitsstrafe von mehr als 6 Wochen verurteilt wurden, für die Dauer von 2 Jahren aus der Aufenthaltsgemeinde ausgewiesen werden.

Nach Abs. II und III des § 180 StGB. in der Fassung des Ges. zur Bekämpfung der Geschlechtskrankheiten vom 18. Febr. 1927 (RGBl. I S. 61) gilt als Kuppelei insbesondere die Unterhaltung eines Bordells oder eines bordellartigen Betriebs. Wer einer Person, die das 18. Lebensjahr vollendet hat, Wohnung gewährt, wird auf Grund dieser Bestimmung aber nur dann bestraft, wenn damit ein Ausbeuten der Person, der die Wohnung gewährt ist, oder ein Anwerben oder ein Anhalten dieser Person zur Unzucht verbunden ist. Vgl. im übrigen die bei Krais-Henle, Handbuch der inneren Verwaltung für Bayern § 140 bezüglich der Begriffe Kuppelei und Zuhälterei aufgeführte Rechtsprechung.

Wegen der Bekämpfung des Mädchenhandels: MBek. vom 20. Mai 1904 (MABl. S. 192) und internationales Übereinkommen vom 4. Mai 1910 (RGBl. 1913 S. 31).

Wegen der Verleitung zur Auswanderung zu Unzuchtzwecken: § 48 des Auswanderungsgesetzes vom 9. Juni 1897

(RGBl. S. 463). Hiernach kann neben Zuchthausstrafe auf Zulässigkeit von Polizeiaufsicht erkannt werden.

Wegen der Auswanderung von Mädchen unter 18 Jahren: § 9 der Verordnung gegen Mißstände im Auswanderungswesen vom 14. Febr. 1924 (RGBl. I S. 107) und § 13 der Paßbekanntmachung vom 4. Juni 1924 (RGBl. I S. 613).

Unzucht. d) Über unzüchtige Handlungen und die Verbreitung unzüchtiger Schriften usw. vgl. §§ 183, 184 StGB.

Zum Begriff „unzüchtig" sind geschlechtliche Beziehungen erforderlich. Auch unzüchtige mündliche Äußerungen (Lieder) fallen unter den Begriff, wenn dem Täter bekannt ist, daß sie einen geschlechtlichen Reiz erregen können. Ebenso kann unter Umständen schon eine auf geschlechtliche Sinnenlust abzielende Entkleidung als unzüchtige Handlung zu erachten sein, ohne daß der nackte Körper zum Vorschein kommt. „Öffentlich" ist eine Handlung dann, wenn sie nach der Art der Vornahme von einem unbestimmten Personenkreis wahrgenommen werden konnte. Zum Tatbestand des „Ärgernisgebens" gehört, daß mindestens eine Person tatsächlich Ärgernis genommen hat.

Eine Darstellung des nackten Körpers oder einzelner seiner Teile ist dann „unzüchtig", wenn sie objektiv erkennbar zu einem schamverletzenden Zwecke geschah.

§ 184 Ziff. 1 und 2 StGB. bedroht das Verbreiten unzüchtiger Schriften usw. mit Strafe. Zur Strafbarkeit ist erforderlich, daß der Gesamtcharakter einer Schrift unzüchtig ist, d. h. objektiv geeignet ist, das Scham- und Sittlichkeitsgefühl in geschlechtlicher Beziehung zu verletzen. Auch der Leserkreis, für den die Schrift bestimmt ist, fällt ins Gewicht; desgleichen kann die Art der Verbreitung von entscheidender Bedeutung sein. Die Entscheidung, ob eine Darstellung unzüchtig ist, hängt regelmäßig von Ort, Zeit, Anlaß und Zweck der Ausstellung, sowie von der Persönlichkeit des Ausstellenden ab. Deshalb kann auf dem Gebiete der Kunst etwas nicht anstößig sein, was auf anderen Gebieten des Lebens Anstoß erregen würde. Vgl. hierzu Urt. des RG. vom 25. Juni 1926, ZRpfl. 1926 S. 304.

Nach § 184 Ziff. 3 und 3a StGB. — Fassung des Ges. vom 18. Febr. 1927, RGBl. I S. 61 — ist ferner verboten die öffentliche Ankündigung, Anpreisung oder Ausstellung von Gegenständen, die zu unzüchtigem Gebrauche bestimmt sind und von Mitteln, Gegenständen oder Verfahren, die zur Verhütung von

Geschlechtskrankheiten dienen, letzteres soferne es in einer Sitte oder Anstand verletzenden Weise geschieht.

Neben Gefängnisstrafe kann auf Zulässigkeit von Polizeiaufsicht erkannt werden.

Nach § 11 des Gesetzes zur Bekämpfung der Geschlechtskrankheiten vom 18. Febr. 1927 (RGBl. I S. 61) macht sich endlich strafbar, wer zum Zwecke der Heilung oder Linderung von Geschlechtskrankheiten Mittel, Gegenstände oder Verfahren öffentlich oder durch Verbreitung von Schriften, Abbildungen oder Darstellungen, wenn auch in verschleiernder Weise, ankündigt oder anpreist oder solche Mittel oder Gegenstände an einem allgemein zugänglichen Orte ausstellt.

§ 184a StGB. bedroht das Überlassen anstößiger Schriften an Jugendliche, § 184b die Veröffentlichung anstößiger Mitteilungen aus Gerichtsverhandlungen mit Strafe.

Über die deutsche Zentralstelle zur Bekämpfung unzüchtiger Bilder, Schriften, Inserate und unzüchtiger Handlungen aus Anlaß von Schauspielunternehmungen, Singspielen, Schaustellungen von Personen usw. vgl. MBek. vom 23. Febr. 1912 (MABl. S. 400), 20. Dez. 1921 (MABl. S. 228) und 2. Dez. 1924 (MABl. 1925 S. 61). Als diesbezügliche Landeszentralpolizeistelle ist in Bayern die Polizeidirektion München bestimmt (MBek. vom 20. April 1925, MABl. S. 61).

Über das Verbot des Feilhaltens, Anbietens oder Ankündigens von Schriften, die in die Liste der Schmutz- und Schundschriften aufgenommen sind, im Umherziehen oder Stadthausieren, ferner des Ausstellens in Verkaufsräumen und der gewerbsmäßigen Überlassung an Personen unter 18 Jahren vgl. Ges. vom 18. Dez. 1926, RGBl. I S. 505.

Über das Feilhalten unzüchtiger Druckschriften im Bahnhofbuchhandel und auf öffentlichen Straßen und Plätzen vgl. ferner ME. vom 24. Okt. 1925 (MABl. S. 173).

Anstandsverletzungen. Verletzungen des Anstandes oder der Schamhaftigkeit, die nicht unter die Strafbestimmungen der §§ 183, 184 StGB. fallen, können als „grober Unfug" strafbar sein, z. B. das Halten unsittlicher Vorträge, Singen unzüchtiger Lieder, Ausstellen von Aktphotographien. Vgl. Urt. des BayObstLG. vom 13. Dez. 1907 (MABl. 1908 S. 94). Es gehören hierher ferner die schamlose Entblößung zur Befriedigung eines Bedürfnisses (Reger Bd. 4 S. 182) und die Auswüchse beim Baden. Vgl.

hiezu die Ministerialentschließungen vom 2. Juni und 2. Aug. 1920 Nr. 5274 a 2 und 4 und vom 4. und 18. Aug. 1921 Nr. 5274 a 5 und 7.

Art. 102 AG.StPO. bietet die Handhabe, derartige Verstöße zu unterdrücken, wenn hiedurch Störungen der öffentlichen Ordnung und Sicherheit zu befürchten sind.

B. Kriminalpolizei.

1. Anzeigeerstattung.

Anzeigeerstattung. Hat sich die Gesetzesverletzung durch Präventivmaßnahmen der Polizei nicht verhindern lassen, ist die Straftat begangen, so setzt die Tätigkeit der Kriminalpolizei ein.

Während für den gewöhnlichen Staatsbürger, abgesehen von bestimmten, im Gesetz genau aufgeführten Fällen, eine Anzeigepflicht nicht besteht, ist der Polizeibeamte gemäß § 346 StGB. bei Meidung schwerer Strafen zur Anzeige aller strafbaren Handlungen verpflichtet. Des gleichen Verbrechens aus § 346 StGB. macht sich auch der Vorgesetzte schuldig, der von der Unterlassung einer Anzeige durch den Untergebenen Kenntnis erlangt und (etwa durch Erteilung lediglich einer Disziplinarstrafe) bewirkt, daß der Untergebene nicht aus § 346 StGB. bestraft wird. Diese Verpflichtung zur Anzeigeerstattung darf im übrigen nicht kleinlich ausgelegt werden; in vielen Fällen (insbesondere bei Straßenpolizeiübertretungen) wird es genügen, zunächst mit Verwarnungen vorzugehen.

Nach § 158 StPO. sind die Behörden und Beamten des Polizei- und Sicherheitsdienstes ferner verpflichtet, Anzeigen strafbarer Handlungen oder Anträge auf Strafverfolgung mündlich oder schriftlich entgegenzunehmen.

Wegen der Erforschung des Tatbestandes strafbarer Handlungen vgl. § 58 der Gend.-Dienstvorschrift.

Über die Anzeigenerstattung selbst vgl. Gend.-Dienstvorschrift §§ 59—63; Abs. I und II des § 61, sowie Abs. I des § 62 haben eine Änderung erfahren durch die MBek. vom 27. Febr. 1926 (MABl. S. 33). Hier ist auch bestimmt, daß die Bezirksämter befugt sind, von der Weitergabe der Strafanzeigen von Übertretungen an die Staatsanwaltschaft dann abzusehen, wenn die Voraussetzungen des § 153 Abs. I StPO. gegeben sind, d. i. wenn die Schuld des Täters gering ist und die Folgen der Tat unbedeutend sind, es sei denn, daß ein öffentliches Interesse an der Herbeiführung einer gerichtlichen Entscheidung besteht.

Über das Benehmen der Staatsanwaltschaft mit den Verwaltungsbehörden vgl. JMBek. vom 13. Jan. 1926 (JMBl. S. 1) § 48. Hiernach sind der Verwaltungsbehörde Anzeigen strafbarer Handlungen, an deren Verfolgung sie ein Interesse haben kann, zur Kenntnis zu bringen; auch hat die Staatsanwaltschaft bei der Behandlung von Strafsachen dem Ersuchen der Verwaltungsbehörde insbesondere wegen der Anträge auf Bemessung der Strafen, Verhängung von Nebenstrafen und Ausspruch von Straffolgen, wenn möglich, zu entsprechen.

In Militärstrafsachen können gemäß § 6 des Gesetzes über die Aufhebung der Militärgerichtsbarkeit vom 17. Aug. 1920 (RGBl. S. 1579) Anzeigen strafbarer Handlungen auch bei dem Disziplinarvorgesetzten des Beschuldigten angebracht werden, der sofort den zuständigen Amtsrichter zu benachrichtigen hat.

Über Anzeigen bei Geldfälschungen vgl. ME. vom 13. Juli 1897 (MABl. S. 307) und Bek. vom 5. Aug. 1921 (GVBl. S. 399) und 15. Okt. 1925 (GVBl. S. 263).

Über die Abgrenzung der sachlichen Zuständigkeit der Gendarmerie gegenüber der Ortspolizei: § 40 der Gend.-Dienstvorschrift, über die örtliche Zuständigkeit: §§ 41—43, über das Verhältnis der Sicherheitspolizei zur Bahn- und Militärpolizei: BayGemVZ. 1926 S. 177 ff.

Zeugniszwang. Eine Befugnis, einen Zeugen zur Vernehmung vorzuführen, besteht nach der Strafprozeßordnung für die Polizei nur dann, wenn die sofortige Vernehmung und Vorführung notwendig ist, um eine Verdunklung der Sache zu verhüten: § 163 Abs. I StPO. So können z. B. Augenzeugen einer Straftat, die die Angabe ihres Namens und ihrer Wohnung verweigern, behufs Feststellung ihrer Persönlichkeit zwangsweise dem Polizeikommissar vorgeführt werden. Abgesehen von derartigen Eilfällen läßt sich aus der Strafprozeßordnung ein Zeugniszwang der Polizeibehörde nicht ableiten. Treten der Polizeibehörde Hindernisse entgegen, so erübrigt ihr nur, die Hilfe des Gerichts in Anspruch zu nehmen. (Vgl. Reger Bd. 5 S. 95, Bd. 7 S. 106 und 302, Bd. 20 S. 115).

Die Erpressung einer Aussage ist nach § 343 StGB. mit Zuchthausstrafe bedroht.

2. Sicherstellung, Verwahrung, Beschlagnahme und Durchsuchung.

Nach Art. 115 der Reichsverfassung ist die Wohnung jedes Deutschen für ihn eine Freistätte und unverletzlich. Ausnahmen sind nur auf Grund von Gesetzen zulässig. Ebenso ist nach Art. 117 das Briefgeheimnis, sowie das Post-, Telegraphen- und Fernsprechgeheimnis unverletzlich. Ausnahmen können auch hier durch Reichsgesetz zugelassen werden.

Sicherstellung, Verwahrung und Beschlagnahme. a) Nach § 94 StPO. können Gegenstände, welche als Beweismittel für die Untersuchung von Bedeutung sein können oder der Einziehung unterliegen, in Verwahrung genommen oder in anderer Weise sicher gestellt werden. Befinden sich die Gegenstände in dem Gewahrsam einer Person und werden sie nicht freiwillig herausgegeben, so sind sie zu beschlagnahmen. Gemäß § 98 a. a. O. steht die Anordnung von Beschlagnahmen dem Richter, bei Gefahr im Verzug auch der Staatsanwaltschaft und den Polizei- und Sicherheitsbeamten zu, welche als Hilfsbeamte der Staatsanwaltschaft ihren Anordnungen Folge zu leisten haben. Ist die Beschlagnahme ohne richterliche Anordnung erfolgt, so ist binnen 3 Tagen die richterliche Bestätigung nachzusuchen, wenn bei der Beschlagnahme weder der davon Betroffene, noch ein erwachsener Angehöriger anwesend war oder wenn gegen die Beschlagnahme ausdrücklich Widerspruch erhoben wurde.

Ob Gefahr im Verzug ist, hat der Polizeibeamte nach eigenem pflichtgemäßem Ermessen zu entscheiden; dem Richter steht hierüber eine Nachprüfung nicht zu (Reger Bd. 41 S. 210).

Vgl. im übrigen Gend.-Dienstvorschrift § 64.

Wegen der Beschlagnahmen in militärischen Dienstgebäuden vgl. § 98 Abs. IV StPO. und MBek. vom 18. Aug. 1921 (MABl. S. 144).

Eine Beschlagnahme der an den Beschuldigten gerichteten Briefe und Sendungen auf der Post, sowie der an ihn gerichteten Telegramme auf den Telegraphenanstalten durch die Polizei ist nicht zulässig (§ 99 a. a. O.).

Wegen der Beschlagnahme von Druckschriften siehe Abschn. IV A 2.

Gemäß Art. 20 Abs. I PolStGB. ist die Polizeibehörde ferner in Fällen, welche mit Strafe gesetzlich bedroht sind, vorbehaltlich der späteren Strafverfolgung, soweit nötig, zur vorläufigen Einschreitung befugt. Es muß dabei mindestens ein strafbarer Versuch in Frage stehen und die Einschreitung der Polizei im Interesse der Strafverfolgung notwendig sein; es gehört hierher z. B. die Wegnahme und Verwahrung der bei einem Festgenommenen vorgefundenen Waffen und sonstigen Gegenstände, die zu der Untersuchung nicht in Beziehung stehen, aber mit einer anderen strafbaren Handlung zusammenhängen. Zu dieser vorläufigen Verwahrung ist jeder Beamte des Polizei- und Sicherheitsdienstes aus eigener Zuständigkeit berechtigt.

Die Abnahme der Ausweispapiere und des sonstigen Tascheninhaltes eines Festgenommenen, seiner Hosenträger, der Hutnadeln und sonstiger Gegenstände stellt sich weder als vorläufiges Einschreiten im Sinne des Art. 20 PolStGB., noch als Beschlagnahme im Sinne der StPO. dar, sie dient vielmehr dazu, den Gefangenen zu beaufsichtigen und Flucht oder Selbstmord zu verhüten.

Nach Art. 20 Abs. II PolStGB. hat die Polizeibehörde ferner das Recht, in allen Fällen, in welchen die Einziehung einzelner Sachen gesetzlich zulässig ist, letztere mit vorläufigem Beschlag zu belegen. Können die mit Beschlag belegten Sachen ihrer Beschaffenheit nach nicht aufbewahrt werden, z. B. Fleisch, Obst und sonstige leicht verderbliche Lebensmittel, so hat die Polizeibehörde das Entsprechende vorzukehren, also die Gegenstände zu verkaufen oder, falls sie verdorben sind, zu vernichten.

Durchsuchung. b) Gemäß § 102 StPO. kann bei jedem, welcher als Täter oder Teilnehmer einer strafbaren Handlung oder als Begünstiger oder Hehler verdächtig ist, eine Durchsuchung der Wohnung und anderer Räume, sowie seiner Person und der ihm gehörigen Sachen sowohl zum Zwecke seiner Ergreifung als auch dann vorgenommen werden, wenn zu vermuten ist, daß die Durchsuchung zur Auffindung von Beweismitteln führen werde. Nach § 103 a. a. O. sind bei anderen Personen Durchsuchungen nur behufs der Ergreifung des Beschuldigten oder behufs der Verfolgung von Spuren einer strafbaren Handlung oder behufs der Beschlagnahme bestimmter Gegenstände und nur dann zulässig, wenn Tatsachen vorliegen, aus denen zu schließen ist, daß die gesuchte Person, Spur oder Sache sich in den zu durchsuchenden Räumen befinde. Diese Beschränkung findet keine Anwendung auf die Räume, in welchen der Beschuldigte ergriffen worden ist, oder welche er während der Verfolgung betreten hat, oder in welchen eine unter Polizeiaufsicht stehende Person wohnt oder sich aufhält.

Über nächtliche Haussuchungen vgl. § 104 StPO. „Gefahr im Verzug" im Sinne dieses Paragraphen liegt vor, wenn anzunehmen ist, daß der Aufschub der Durchsuchung bis zur Tageszeit den Erfolg der Maßregel vereiteln würde.

Nach § 105 StPO. steht die Anordnung von Durchsuchungen dem Richter, bei Gefahr im Verzug auch der Staatsanwaltschaft und den Polizei- und Sicherheitsbeamten zu, welche als Hilfsbeamte der Staatsanwaltschaft ihren Anordnungen Folge zu leisten haben.

Wegen Durchsuchungen in militärischen Dienstgebäuden vgl. Abs. IV des genannten § 105 und MBek. vom 18. Aug. 1921 (MABl. S. 144).

Vgl. im übrigen §§ 65 und 66 der Gend.-Dienstvorschrift.

Über Haussuchungen bei Personen, die unter Polizeiaufsicht stehen, vgl. § 39 Ziff. 3 StGB. und § 104 Abs. II StPO.

Ungesetzliche Durchsuchungen sind gemäß § 342 StGB. als Hausfriedensbruch strafbar; außerdem kommt auch eine Verletzung des § 339 StGB. in Frage. Voraussetzung der Strafbarkeit ist jedoch das Bewußtsein der Rechtswidrigkeit.

Eine Durchsicht der vorgefundenen Papiere steht gemäß § 110 StPO. nur dem Richter zu. Polizeibeamte sind zur Durchsicht nur dann befugt, wenn der Inhaber die Durchsicht genehmigt; andernfalls haben sie die Papiere, deren Durchsicht sie für geboten erachten, an den Richter abzuliefern.

Vgl. § 108 StPO. und § 66 Abs. III der Gend.-Dienstvorschrift.

Nicht unter den Begriff der Durchsuchung im Sinne der StPO. fallen die Fremdenkontrollen in einem Hotel oder die Kontrolle in Eisenbahnzügen; es handelt sich hier um Präventivmaßnahmen der Fremdenpolizei (vgl. hierüber Abschn. IV A 5 a).

Über die Immunität der Mitglieder des Reichs- und Landtages: § 97 StPO. und Urteil des bayer. Staatsgerichtshofes vom 28. Febr. 1923 (BayVerwBl. Bd. 73 S. 125, ZRpfl. 1923 S. 100), ferner Urt. des BayObstLG. vom 31. März 1926 (ZRpfl. 1926 S. 174).

Bezüglich der Exterritorialen vgl. §§ 18, 19, 21 des Gerichtsverfassungsgesetzes.

3. Sistierung und vorläufige Festnahme.

Nach Art. 114 der Reichsverfassung ist die Freiheit der Person unverletzlich. Eine Beeinträchtigung oder Entziehung der persönlichen Freiheit durch die öffentliche Gewalt ist nur auf Grund von Gesetzen zulässig. Personen, denen die Freiheit entzogen wird, sind spätestens am darauffolgenden Tage in Kenntnis zu setzen, von welcher Behörde und aus welchen Gründen die Entziehung der Freiheit angeordnet worden ist; unverzüglich soll ihnen Gelegenheit gegeben werden, Einwendungen gegen ihre Freiheitsentziehung vorzubringen.

Vorläufige Festnahme. Wird jemand auf frischer Tat betroffen oder verfolgt, so ist gemäß § 127 StPO., wenn er der Flucht verdächtig ist oder seine Persönlichkeit nicht sofort festgestellt werden kann, jedermann befugt, ihn auch ohne richterlichen Befehl vorläufig festzunehmen. Die Staatsanwaltschaft und die Polizei- und Sicherheitsbeamten sind auch dann zur vorläufigen Festnahme befugt, wenn die Voraussetzungen eines Haftbefehls vorliegen (§§ 112, 113 StPO.) und Gefahr im Verzug obwaltet. Der Festgenommene ist unverzüglich, soferne er nicht wieder in Freiheit gesetzt wird, dem Amtsrichter des Bezirkes, in welchem die Festnahme erfolgt ist, vorzuführen.

„Betreten auf frischer Tat" setzt nicht voraus, daß der Täter bei der Tat selbst betroffen wurde; es genügt, wenn die Tat unmittelbar nach ihrer Verübung entdeckt und auf Grund der hierbei gemachten auf den Täter hinweisenden Wahrnehmungen die Verfolgung desselben unverzüglich begonnen wurde. „Dringender Verdacht" im Sinne des § 112 StPO. muß sowohl dafür vorliegen, daß eine strafbare Handlung begangen ist, wie auch, daß der Angeschuldigte der Täter ist. „Gefahr im Verzug" ist dann gegeben, wenn bei Unterlassung der sofortigen Festnahme die Möglichkeit besteht, daß der Zweck der Strafverfolgung vereitelt wird, wenn also dem Täter Gelegenheit gegeben würde, sich dem Zugriff der Justiz zu entziehen, Beweismittel für seine Schuld zu beseitigen, wichtige Dokumente zu vernichten, Mittäter zu warnen usw.

Über die vorläufige Festnahme vgl. ferner Gend.-Dienstvorschrift §§ 67 bis 74.

Sistierung. Die Sistierung einer Person ist nach § 163 StPO. ferner zulässig, wenn sie erforderlich ist, um die Verdunklung der Sache zu verhüten, wenn also z. B. der Täter oder Zeuge einer strafbaren Handlung die Angabe seines Namens oder seiner Wohnung verweigert. Sie ist zu unterscheiden von der präventiven Sistierung nach Art. 102 AG.StPO. (hierüber s. oben Abschn. IV A 1 f aa).

Wegen der Festnahme von Reichstags- und Landtagsmitgliedern: Art. 37 der Reichsverfassung; wegen der Festnahme von Angehörigen der Wehrmacht: § 83 Gend.-Dienstvorschrift und MBek. vom 18. Aug. 1921 (MABl. S. 144).

Eine Überschreitung der Befugnis zur vorläufigen Festnahme ist nach §§ 239, 341 StGB. strafbar, wenn Bewußtsein der Rechtswidrigkeit vorliegt. Vgl. hierzu oben unter Abschn. III 3.

4. Vollzug von Haft- und Vorführungsbefehlen, Verschubung.

Haft- und Vorführungsbefehle. a) Den Polizeibeamten obliegt als Hilfsbeamten der Staatsanwaltschaft des weiteren der Vollzug der richterlichen und staatsanwaltschaftlichen Haft- und Vorführungsbefehle (§§ 114, 125, 134, 457 StPO.).

Vgl. hierzu MBek. vom 25. Juni 1905 (MABl. S. 334) und Gend.-Dienstvorschrift § 70.

Über die Bekanntmachung des Haftbefehles und die Vorführung vor den Richter: § 114 StPO. in der Fassung des Gesetzes vom 27. Dezember 1926, RGBl. I S. 529.

Schubwesen. b) Ebenso obliegt den Bezirkspolizeibehörden (Bezirksämtern und Polizeidirektionen) das Schubwesen. Doch verpflichtet Art. 138 Abs. IV GemO. auch die Bürgermeister, nötigenfalls für den Transport der von Bediensteten des Staates im Gemeindebezirk Aufgegriffenen an die Bezirkspolizeibehörde oder den Amtsrichter des Bezirkes gegen Ersatz der Kosten aus Staatsmitteln zu sorgen. Für das Schubwesen gilt im allgemeinen noch die VO. vom 28. Nov. 1816 (Weber Bd. I S. 495) Tit. IV. In Art. 22 sind hier insbesondere Bestimmungen über die Schubvorweise getroffen, Art. 27 enthält Vorschriften über die Verschubung schwangerer oder kranker Personen, Art. 28 verbietet die Abschubung von Bettlern und Landstreichern, deren Heimat unbekannt ist, Art. 29 regelt die Verpflegung der Schüblinge.

Bei Inländern ist die Verschubung regelmäßig nur zulässig, soweit es sich um die Ablieferung von Untersuchungs- oder Strafgefangenen an die Gerichte, Strafanstalten oder Arbeitshäuser handelt; als selbständige Maßnahme der Aufenthaltsbeschränkung ist sie ausgeschlossen, insbesondere ist eine Heimschubung Deutscher aus sicherheitspolizeilichen Gründen ohne Ausweisung unzulässig (vgl. oben Abschn. IV A 1 f cc).

Ausländische Landstreicher usw. sind dagegen regelmäßig in die Heimat oder über die Grenze zu verschuben: ME. vom 23. März 1876 (MABl. S. 156).

Bei Lieferungen aus fremden Staaten oder in solche sind die Staatsverträge zu beachten, wonach dem Schubvorweis die Aufnahmezusicherung oder sonstige Beweisstücke für die Übernahmepflicht beizufügen sind.

Vgl. im übrigen Reichskanzlerbek. vom 10. Dez. 1890 (MABl. S. 569), insbes. §§ 3—7, wo Vorschriften über den Inhalt der Transportzettel getroffen sind, dann über die Reichsgrenzorte: Reichskanzlerbek. vom 17. Juli 1899 (MABl. S. 598), bezüglich der Tschecho-Slowakei Bek. vom 18. Jan. 1927 (RGBl. II S. 15). Ferner regeln eine Reihe von Bek. die Durchlieferungen, den Übernahmeverkehr mit den einzelnen deutschen Ländern und fremden Staaten, die Behandlung und Verpflegung der Schüblinge usw. Für den Verkehr mit Österreich sind insbes. einschlägig die ME. vom 16. Okt. 1879, MABl. S. 536, und vom 3. Juli 1914, MABl. S. 328. Vgl. im übrigen des Näheren Krais-Henle, Handbuch der inneren Verwaltung für Bayern § 93.

Über das Verfahren bei Auslieferung von Ausländern an außerdeutsche Staaten, insbesondere über die vorläufige Festnahme: MBek. vom 3. Okt. 1909 (MABl. S. 856). Einschlägig sind ferner die betr. Staatsverträge, z. B. bezüglich der Tschecho-Slowakei der Auslieferungsvertrag vom 8. Mai 1922 (RGBl. 1923 II S. 48).

Die Lieferung erfolgt in der Regel durch die Gendarmerie; vgl. hierzu Gend.-Dienstvorschrift §§ 75—80.

Über den Gefangenensammelschubverkehr vgl. Bek. vom 28. Mai 1923 (GVBl. S. 186), auf die Pfalz ausgedehnt durch Bek. vom 16. März 1927 (StAnz. Nr. 65).

V. Der Polizeizwang.

Polizeizwang ist die Anwendung äußerer Machtmittel zur Durchführung des polizeilichen Willens. Voraussetzung ist dabei allerdings das Vorhandensein eines entsprechenden Rechtstitels; ein allgemeines polizeiliches Befehls- oder Zwangsrecht gibt es nicht (vgl. Urt. des BayObstLG. vom 12. März 1926, BayVerwBl.

Bd. 74 S. 153). Die Schwere des polizeilichen Rechtseingriffes muß ferner im Verhältnis stehen zur Schwere der Rechtsverletzung, die durch die polizeiliche Gewalt verhindert oder beseitigt werden soll. Der Polizeizwang kann mittelbarer Zwang sein, d. i. einen Polizeibefehl voraussetzen, oder sofortiger Zwang, ohne vorherigen Befehl eintreten.

1. Mittelbarer Zwang.

Ungehorsamsstrafen. a) Nach Art. 21 Abs. II PolStGB. sind die Behörden der inneren Verwaltung befugt, Verfügungen, die sie innerhalb ihrer Zuständigkeit zum Vollzuge von Gesetzen, deren Übertretung nicht mit Strafe bedroht ist, an bestimmte Personen erlassen und diesen eröffnet haben, mit Ungehorsamsstrafen zu bedrohen und diese im Falle des Ungehorsams für verwirkt zu erklären. Dabei ist notwendig, daß das Gesetz ein Gebot oder Verbot an die Staatsbürger richtet, die Verpflichtung des Staatsbürgers muß sich also unmittelbar aus dem Gesetz ergeben. Die Höhe der Strafe ist durch Art. III der VO. vom 23. Nov. 1923, RGBl. I S. 1117, auf 1 bis 1000 Goldmark begrenzt. Nach Abs. III a. a. O. kann die Ungehorsamsstrafe wiederholt verhängt werden.

Art. 22 PolStGB. dehnt diese Zwangsbefugnis auch auf die Durchführung der jeweils bestehenden Verordnungen aus.

Art. 99 und 143 der Gemeindeordnung enthalten die gleichen Bestimmungen für die Bürgermeister, die Stadt- und Gemeinderäte.

Da die Ungehorsamsstrafe eine reine Verwaltungszwangsmaßnahme ist, die kein Verschulden im Sinne des Strafrechts voraussetzt, unterliegen ihr auch juristische Personen. Dagegen ist sie nicht anwendbar gegenüber Gemeindebehörden, weil mit den einschlägigen Bestimmungen der GemO. sowohl die dienstaufsichtlichen Befugnisse erschöpfend geregelt sind, als auch gegen sie als Organe des Staates der Polizeizwang nicht Platz greifen kann.

Zwangsersatzvornahme. b) Steht die Erzwingung vertretbarer Handlungen in Frage, so steht der Polizeibehörde das Recht der Zwangsersatzvornahme zu. Art. 16 PolStGB. bestimmt hier: „Unterläßt jemand innerhalb der dafür bestimmten Zeit dasjenige tun, was ihm auf Grund eines wegen einer Übertretung ergangenen rechtskräftigen Strafurteiles durch die zuständige Polizeibehörde auferlegt worden ist, so ist letztere befugt, diese auf Kosten des Ungehorsamen vornehmen zu lassen und, vorbehaltlich seiner Verpflichtung zum Ersatz des etwa verursachten Schadens, den von ihr festgestellten Kostenaufwand nach den gesetzlichen Bestimmungen über Beitreibung von Untersuchungskosten von demselben zu erheben."

Soweit eine Verurteilung noch nicht erfolgt ist, gilt Art. 20 Abs. IV PolStGB.: „Unterläßt jemand dasjenige zu tun, was ihm unter Strafe gesetzlich zu tun geboten ist, so steht der Polizeibehörde die Befugnis zu, diese Handlung statt seiner vorläufig vornehmen zu lassen. Der dadurch verursachte Kostenaufwand kann jedoch von dem Ungehorsamen nur auf Grund eines richterlichen Urteils zwangsweise beigetrieben werden."

Im letzteren Falle handelt es sich allerdings nicht so sehr um eigentlichen Polizeizwang, als um eine vorsorgliche Maßregel der Polizeibehörde, wenn die Verletzung einer Strafbestimmung zu ihrer Kenntnis gelangt ist.

Handelt es sich um Verfügungen, die zum Vollzug von Gesetzen oder Verordnungen ergangen sind, deren Übertretung nicht mit krimineller Strafe bedroht ist, so greift hinsichtlich der Zwangsersatzvornahme Art. 21 Abs. IV PolStGB. Platz: „Unterläßt jemand innerhalb der dafür bestimmten Frist dasjenige zu tun, was ihm durch eine Verfügung der vorbezeichneten Art durch die zuständige Behörde auferlegt ist, so ist letztere befugt, diese Handlung auf Kosten des Ungehorsamen vornehmen zu lassen und den von ihr festgestellten Kostenaufwand vorbehaltlich der Verpflichtung zum Schadenersatz, nach den gesetzlichen Bestimmungen über Beitreibung von Untersuchungskosten bzw. Gemeindegefällen zu erheben." (Vgl. hierzu Art. 22 und 23 des Gesetzes vom 14. Aug. 1923 zur Änderung des Gesetzes vom 30. Juni 1921 zum Vollzug des Landessteuergesetzes, GVBl. 1923 S. 265, und Art. IV des Ausführungsgesetzes zur ZPO. vom 23. Febr. 1879).

Zwangsgestellung. c) Die Zwangsgestellung (Realzitation) — zu unterscheiden von der oben (Abschn. IV A 1 f) behandelten Sistierung — ist im Gesetz nicht ausdrücklich erwähnt, sie muß aber nach Art. 21 Abs. I PolStGB. für zulässig erachtet werden: „Die Behörden der inneren Verwaltung sind befugt, Verfügungen, die sie innerhalb ihrer Zuständigkeit zum Vollzuge von Gesetzen, deren Übertretung nicht mit Strafe bedroht ist, an bestimmte Personen erlassen und diesen eröffnet haben, durch Anwendung gesetzlicher Zwangsmittel zur Ausführung zu bringen.“

Es kann also z. B. eine Person, die der polizeilichen Vorladung zur Auskunfterteilung nicht Folge geleistet hat, vorgeführt werden. Zu bemerken ist dabei jedoch, daß der Polizei keine Mittel zur Verfügung stehen, um eine Auskunfterteilung zu erzwingen; selbst unrichtige Aussagen vor der Polizei sind nur strafbar, wenn gleichzeitig der Tatbestand der Begünstigung oder der Falschbeurkundung (§§ 257, 271 StGB.) gegeben ist.

Gegen die Androhung oder Vorkehrung der Zwangsgestellung ist, wie in allen anderen Fällen des Art. 21 PolStGB., Beschwerde an die höheren Stellen zulässig, die in dringenden Fällen keine aufschiebende Wirkung hat (Abs. V a. a. O.).

Einstellung von Vergnügungen. d) Endlich zählt hierher die Einstellung unberechtigter Unternehmungen öffentlicher Lustbarkeiten, Schau- und Vorstellungen, sowie geräuschvoller nächtlicher Unterhaltungen nach Art. 32 Abs. II und 34 Abs. II PolStGB., soweit ein Verwaltungsbefehl vorhergegangen ist. Andernfalls ist sie dem Gebiete des sofortigen Polizeizwanges zuzurechnen.

2. Sofortiger Zwang.

Gewaltanwendung. a) Als Mittel des sofortigen Polizeizwanges kommt lediglich die direkte Gewaltanwendung in Betracht, die geradewegs auf die Beseitigung der Störung abzielt. Sie kommt in Frage, wenn entweder keine Person vorhanden ist, an die sich ein Polizeibefehl richten könnte (Tötung gefährlicher Tiere und frei herumlaufender Hunde nach Art. 19 und 83 Abs. II Pol.-StGB.) oder wenn keine Zeit zu einer vorherigen Androhung ist oder wenn der Pflichtige überhaupt nicht imstande wäre, das von ihm Geforderte zu tun. Als Formen solcher Gewaltanwendung kommen in Betracht polizeiliche Verwahrung, Sistierung, zwangsweise Entfernung einer Person aus einem Raume, Eindringen in eine Wohnung, im äußersten Fall Waffengebrauch. Die Zulässigkeit des sofortigen Zwanges ist im Gesetz — abgesehen von den oben erwähnten Sonderfällen — nicht ausdrücklich statuiert, sie folgt aber aus Art. 20 Abs. I PolStGB. und Art. 102 AG.StPO.

Waffengebrauch. b) Der Waffengebrauch der Gendarmerie im besonderen ist in der Gend.-Dienstvorschrift vom 18. Juli 1922 (Abschn. XXII) in der Fassung der MBek. vom 23. Juli 1924 (MABl. S. 114) eingehend geregelt. Hiernach hat die Anwendung der Waffengewalt so rechtzeitig und nachdrücklich einzusetzen, daß rascher und sicherer Erfolg gewährleistet ist. Der Waffengebrauch ist einzustellen, sobald der Zweck erreicht ist.

Zur Schußwaffe darf gegriffen werden, wenn andere Waffen den Erfolg nicht sichern, sowie bei Gefahr im Verzug gegenüber Personen, die Plünderung, Raub, Mord, Brandstiftung, Einbruchdiebstahl, Schmuggel, gewaltsame Gefangenenbefreiung oder Landfriedensbruch verüben oder beim Wildern betroffen werden, wenn sie auf einmalige Aufforderung von der Straftat nicht ablassen oder vom Tatort vor oder nach erfolgter Festnahme zu entfliehen versuchen.

Einer besonderen Androhung des Waffengebrauches, die sonst, wenn irgend möglich, vorauszugehen hat, bedarf es in den letztgenannten Fällen nicht.

Nach § 86 a darf der einzelne Beamte aus eigenem Recht von der Waffe Gebrauch machen:

1. wenn gegen ihn selbst oder einen Dritten ein gewalttätiger Angriff gemacht wird oder unmittelbar droht,
2. wenn ihm Widerstand entgegengesetzt wird, zu dessen Überwindung Waffengewalt notwendig ist,
3. wenn er zur Ablegung der Waffen oder anderer zum Angriff oder Widerstand geeigneter oder sonst gefährlicher Werkzeuge auffordert und dieser Aufforderung nicht sofort Folge geleistet wird oder die abgelegten Waffen oder Werkzeuge wieder aufgenommen werden,
4. wenn bei Verhaftungen, Festnahmen oder Gefangenenbeförderungen der Verhaftete, Festgenommene oder Gefangene entspringt oder zu entspringen versucht,
5. wenn die dem Gendarmen anvertrauten oder von ihm zu schützenden Personen oder Gegenstände auf andere Weise nicht verteidigt werden können.

Das Maß und der Umfang der Abwehrbefugnisse bestimmen sich dabei ausschließlich nach Art und Stärke des Angriffes und nach den dem Verteidiger zu Gebote stehenden Abwehrmitteln. Eine Prüfung und Abwägung, ob zur Erhaltung eines geringfügigen Gutes des Berechtigten nicht ein wertvolleres Gut des Angreifers geopfert wird, kann nicht gefordert werden; der Wert anvertrauter Gegenstände ist vielmehr für Zulässigkeit und Maß der Verteidigung ohne Bedeutung. Zu beachten ist nur, daß eine „Verteidigung" nicht mehr in Frage kommt, wenn der Angriff auf das Rechtsgut bereits beendet ist. Andererseits kann der Angriff noch fortdauern, auch wenn die Straftat bereits vollendet ist, der Dieb also z. B. mit dem gestohlenen Gegenstand bereits auf der Flucht ist (Reger Bd. 41 S. 201).

§ 86 b a. a. O. enthält Bestimmungen über den Waffengebrauch geschlossener Verbände bei Störung der öffentlichen Ruhe, Ordnung und Sicherheit.

Über den Waffengebrauch des Grenzaufsichtspersonals: Reichsgesetz vom 2. Juli 1921 (RGBl. S. 935).

Über den Waffengebrauch des Forst- und Jagdpersonals: Verordnung vom 20. Sept. 1920 (GVBl. S. 431).

Militäraufgebot. c) Zu Polizeizwecken kann endlich auch die bewaffnete Macht in Anspruch genommen werden.

Nach § 17 des Wehrgesetzes vom 23. März 1921 (RGBl. S. 329) hat die Wehrmacht auf Anfordern der Landesregierungen und der von diesen bestimmten Behörden im Falle öffentlicher Notstände oder einer Bedrohung der öffentlichen Ordnung Hilfe zu leisten. Eine „Bedrohung der öffentlichen Ordnung" ist insbesondere anzunehmen bei Zusammenrottungen (auch in Wirtshäusern), Errichtung von Barrikaden, Eindringen in öffentliche oder Privatgebäude, Verübung von Gewalttätigkeiten an Personen, gewaltsamer Wegnahme, Beschädigung oder Zerstörung von fremdem Eigentum. Dieses Aufgebot der bewaffneten Macht muß das letzte und äußerste Mittel zur Wiederherstellung der gestörten Rechtsordnung sein; es darf nur erfolgen, wenn die eigenen Kräfte nicht ausreichen. Das Ersuchen ist an das Wehrkreiskommando, im Falle dringender Gefahr an den nächsten militärischen Befehlshaber zu richten. Glauben diese aus wichtigen militärischen Gründen dem Ersuchen nicht stattgeben zu können, so ist die Entscheidung des Reichswehrministeriums herbeizuführen.

Selbständiges militärisches Eingreifen ist nur zulässig, wenn die Behörden durch höhere Gewalt außerstande gesetzt sein sollten, das militärische Einschreiten herbeizuführen oder wenn es sich um Zurückweisung von Angriffen oder Widersetzlichkeiten gegen Teile der Wehrmacht handelt.

In Bayern sind zum Aufruf zuständig erklärt worden:

Das Ministerium des Innern, die Regierungspräsidenten, die Kreisregierungen, Kammern des Innern, die Polizeidirektionen, die Bezirksämter und in kreisunmittelbaren Städten die Stadtkommissare, ferner die event. auf Grund des Ausnahmezustandes eingesetzten Staatskommissare. Eine Befugnis der Gemeinden zum Aufgebot der bewaffneten Macht besteht nicht, doch erscheint es veranlaßt, daß der Bürgermeister oder sein Stellvertreter mit dem Stadtkommissar an Ort und Stelle anwesend ist.

In der Anforderung muß der Zweck, zu dem die Hilfe des Militärs verlangt wird, so bestimmt angegeben werden, daß die nötigen militärischen Anordnungen mit Zuverlässigkeit getroffen werden können. In welcher Stärke und Waffengattung (z. B. Maschinengewehre) die Truppen abgeordnet werden sollen, bestimmt ausschließlich der militärische Befehlshaber. Von dem Augenblick der Gewährung der militärischen Hilfe an geht die Anordnung und Leitung der zur Herstellung der öffentlichen Ordnung zu ergreifenden Maßregeln auf den Militärbefehlshaber über; insbesondere hat er allein die Art und Dauer des Waffengebrauches zu bestimmen. Vgl. Dienstvorschrift über den Waffengebrauch des Militärs und seine Mitwirkung zur Unterdrückung innerer Unruhen vom 19. März 1914.

Abgesehen von diesem förmlichen Aufruf der bewaffneten Macht kann von der Zivilbehörde beim Standortsältesten die Stellung von Straßenstreifen beantragt werden. Diese haben aber keine allgemeinen polizeilichen Befugnisse; sie können nur gegen Soldaten der Wehrmacht ihre Befehlsbefugnis geltend machen. Bei vorkommenden Streitigkeiten zwischen Militär und Zivil können sie zur Festnahme einer Zivilperson nur dann schreiten, wenn die Festnahme zum Schutze der ihrer Bewachung anvertrauten Personen oder Sachen erforderlich ist oder wenn gegen die Wache Angriffe, Tätlichkeiten oder Beleidigungen gerichtet werden und deren Fortsetzung nur durch die Festnahme verhindert werden kann.

Die Abstellung einer militärischen Wache (Straßenstreife) lediglich zur Unterstützung der Polizei bei einfachen Ausschreitungen der Zivilbevölkerung — ohne förmlichen Aufruf der bewaffneten Macht — kann nicht verlangt werden. Vgl. Standortsdienstvorschrift vom 31. März 1922.

Über die Verpflichtung einzelner Soldaten in und außer Dienst zur Unterstützung der Polizei vgl. MBek. vom 18. Aug. 1921 (MABl. S. 144).

Sachverzeichnis.

(Die Zahlen bedeuten die Seiten.)

FSC
www.fsc.org
MIX
Papier | Fördert
gute Waldnutzung
FSC® C083411

Kolibri 360 GmbH
Ferdinand-Jühlke-Straße 7
99095 Erfurt, Deutschland
produktsicherheit@kolibri360.de